吳仁傑著

文學叢刊

海外滄桑的蹤跡

文史哲出版社印行

國家圖書館出版品預行編目資料

海外滄桑的蹤跡 / 吳仁傑著 . --初版 --臺北市：
文史哲, 民 104.10
頁；　公分（文學叢刊；357）
ISBN 978-986-314-279-9（平裝）

855　　　　104020949

文 學 叢 刊　357

海外滄桑的蹤跡

著　者：吳　仁　傑
出版者：文史哲出版社
http:// www.lapen.com.tw
e-mail：lapen@ms74.hinet.net
登記證字號：行政院新聞局版臺業字五三三七號
發行人：彭　正　雄
發行所：文史哲出版社
印刷者：文史哲出版社
臺北市羅斯福路一段七十二巷四號
郵政劃撥帳號：一六一八〇一七五
電話886-2-23511028・傳真886-2-23965656

定價新臺幣四六〇元

二〇一五年（民一〇四）十月初版

ISBN 978-986-314-279-9　09357

海外滄桑的蹤跡

目 次

輯三　親友人生

輯四　教育探索

海外滄桑的蹤跡　4

上左圖：作者服務裝甲兵時留影（1960）
上右圖：作者淡江大學畢業照（1970）
下左圖：作者全家福合影（1980.08）

作者與二子合影台北國父紀念館（1983）

作者於淡水河邊（2002.01.06）

作者遊北京天安門廣場（2004.10.15）

作者遊西湖蘇堤（2007.05）

作者遊蘇州西園寺（2007.05）

作者遊奉化蔣氏故居（2007.05）

作者遊西湖雷峯塔（2007.05）

作者夫婦遊日月潭（2012 秋）

作者闔家留影自宅客廳（2012 冬）

海外滄桑的蹤跡（代序）

歲月悠悠，憶自一九四七年，我隨一位長輩乘輪到舟山（定海縣）工作，開始我海外生活，迄今已超過一甲子了。這六十多年的歲月，讀書、工作、遊歷，有時曲折崎嶇，有時坦途平曠，如今年已老大，壯志猶存，讀書不厭，寫作不停，對國事尤其關切。我親歷抗日戰爭，國共內戰烽火的艱苦日子，也見識台灣政黨內鬥，挑動民粹的脫軌行動。觸目山河多變，百姓多難，我們期待國家的興起，有如大旱之望雲霓。幸而到了二十一世紀，中國崛起，強大的總體力量聲勢，躍為世界兩強之一，使國際霸權驚惶不安。凡是愛國同胞，無不欣喜雀躍。如今兩岸三通，我不僅遍遊台灣景點，也跨海到大陸遊覽各地的名勝，探賞其山水特色，民情習俗及文化因素。我們有幸欣逢曠世難見的時代，親身經歷政治經濟許多急驟變化的情況，值得回顧檢點。下面就是我略述海外滄桑的蹤跡。

一、舟山群島

一九四七年春，我隨鼎三叔到海門（今稱椒江），搭乘輪船到定海，介紹我到六橫島沙浦鄉任戶籍幹事，後沙埔鄉與積峙鄉合併為上莊鄉，沙浦鄉鄉長續任鄉長，他國學頗有基礎，且擅詩文，其有一詩云：「吩咐蟑螂莫朗吟，有人今夜臥花陰，恐卿啼到傷心處，惹動鄉思一片心。」

六橫島分上莊鄉、下莊鄉，為舟山本島外第二大島。南北約六十里，東西約三十里。島上青山聳翠，田野泛綠。上莊的東獄宮廟宇，雕梁秀闥，金碧輝煌，香火不絕。有聯云：「但得回頭便是岸，何須到此悔前非。」真有驚人棒喝，醍醐灌頂的作用。此地民間重視禮節，每當賓客進來，主婦即殷勤奉茶，端熱水供客盥洗，這即是我國「洗塵」的古禮。

次年，我轉到定海本島北部的景陶中心小學擔任教師，這裡是馬嶴地區，東鄰干攬，西毗小沙，田疇平展，人口稠密。校前有一條灌溉的河渠，終日嗚咽，田野間農作物蓬勃，西南一帶青山蓊鬱，校後方卻是鄰近波濤奔騰的海灣，這是山水佳勝的地方。

校長胡菊仙女士在教育界服務多年，身材頎長、麻臉、脾氣倔強、人際關係欠佳，無法凝聚親和的氣氛。教務主任洪善教先生，個性灑脫，幽默風趣，能彈小提琴，擅寫藝術字，多才多藝。李照雲女士溫州師範畢業，有語言天分，學定海方言維妙維肖，待人和氣，喜看小說。陳文傳先生年紀較長，經驗豐富，老成持重。王恆冬小姐定海簡師畢業，年輕活潑，笑口常開，富有青春氣息。

春假期間，我和守進叔同去朱家尖島的廟跟小學探望堂兄吳仲希。我倆先從定海到沈家門。沈家門為漁業中心港口，漁船帆檣林立，貿易甚盛，我倆在此盤桓一天。次日乘船到朱家尖，與仲希見面。仲希教學熱心，得到民眾肯定，彼此關係親切熱絡。仲希安排我們去遊普陀山佛教聖地，他選擇去遊重要的普濟寺、法雨寺、慧濟寺、紫竹林、觀音跳等寺院，並在那裏齋食。

我在舟山兩年多，曾經在毛峙、小沙、朱家尖、洞吞等地逗留較久。我曾在洞吞中心小學教過書，校長王一非後來也隨舟山撤退，到了台灣定居。毛峙臨海，漁民為多；小沙設有鄉公所、警察所、中心小學，為該鄉之中心地區。朱家尖接近普陀山勝地，東部海岸有眾多岬角、海灣、海蝕等地貌，近來已成觀光地區之一。

一九四九年四月，共軍有三十萬多人渡江。四月廿五日南京陷落。五月廿五、廿六兩天，共軍攻占浦東高橋、吳淞等處。廿七日上海淪陷，京滬衛戍總司令湯恩伯部隊大部被擊潰，只撤出五萬人左右到舟山群島駐守。接著浙江省政府軍公人員及其他部隊亦撤至舟山，成立防衛司令部，總計達七萬多人，到處可見駐軍。

一九五〇年共軍在蘇聯支援下，海空軍實力增強，國軍情勢不利，上峰決定舟山撤退。撤退前夕，臨時拉夫拉走民眾二萬多人，在海上航行三天三夜，抵高雄港上岸。（另一批則由基隆上岸）。

二、青年軍

我們上岸後，被國防部高雄港口聯檢處檢閱出來的七百多人，在高雄待命二十多天，後被編到青年軍（該軍是民國三十六年招考知識青年組成的部隊）二〇一師六〇一團，並在屏東農校集訓二週。後來我被分發到衛生連服務，連長張伯賢、連指導員張崇聖對我都很照顧，令我協助辦理文書，我有機會常到農校圖書館看書。

在屏東待了三個多月，部隊轉到台南三分子營房，營房對面是台南工學院（成功大學前身），西邊稍遠是公園。我們穿過公園不遠，就可到達市區。這裡的赤崁樓、鄭成功祠、孔子廟、安平古堡等名勝古蹟，是假日我們遊覽的景點。

台南三份子營區駐留了四個多月，我們又遷到鳳山五塊厝營區，這是日本時代留下的營房，建築較佳，每房隔距較大，有操場、籃球場、司令台等設備。部隊訓練，比較方便。營區距鳳山市區甚近，走路約十幾分鐘可達。鳳山高雄縣立圖書館，是我假日常去閱覽書報的樂園。

一九五一年五月間，國防部舉辦軍中知識青年甄試，本團周鵬飛、張觀堯和我等三十多人，到八十軍軍部（灣子頭）應考，考試結果，我得到國防部頒發的高中學歷證書。

我在衛生連是協助文書工作，很是輕鬆，買了一些書籍自修，張崇聖指導員時予鼓勵。政治處周顒主任撰成「伍之編組及運用」一文要投「國防雜誌」找人謄稿，得知我書法清秀，遂派人送來稿件交我謄清。稿件刊出後寄來稿費，周主任分給我一半，他愛護部屬，於此可見一斑。

周主任不久調走，張元傑主任接替。幾個月後，政訓幹事陳鑫考進政工幹部學校第一期研究班深造，彭順武指導員接他業務，而原任文書袁中英請調別處。遂調我到政治處服務。

彭順武指導員對我特別親切，他能言善道，和我談他的家世和求學奮鬥過程，娓娓動聽。他鼓勵我努力進修以圖發展。我利用零餘時間儘量閱讀，尤其對文史方面的書籍涉獵不少。

本部遷到岡山時，政治處設在鐵工廠宿舍，每人一間，供辦公臥室用。岡山學校頗多，文化較高，有幾位軍官士官常去聽英語課進修。我在一家書店買到幾本大陸舊版的書，認為難得際遇，意外高興，常喜翻閱。

一九五二年十一月部隊整編，遷回鳳山五塊厝，我又回到衛生連服務。政工人員調動。新來指導員陳志揚，浙江人，與我大同鄉，一見如故，邀我協辦政工業務。他對幾位辦業務的士官特別親切，並邀我們到高雄市看吳燕麗主演的有名越劇。

一九五三年五月部隊在屏東潮州地區演習，本連駐在頭崙村張姓農家，有個男孩張宋傑十二歲與我有緣，常來看我寫字。後竟慫恿他長輩讓一間房子，供我們使用。天真的孩子感情豐富，部隊移動，當我們與他分手時，還依依不捨，令人難忘。

當時部隊為加強軍中的思想教育，提高軍中士氣，舉辦三民主義講習班，為期一周，連上派我和徐孟懷上士等三位前往參加。軍長葉成親自主持開訓典禮。課程主要是反共政治理論，中國歷史、地理等相關課目。其中使我感受最深的海軍政治部主任趙龍文講「主義、領袖、國家、責任、榮譽」五大信念。他曾任浙江省警官學校校長，甘肅省民政廳廳長，學識豐富，講辭生動，感人甚深。另一位政工幹校剛畢業不久的哈秀嬋小姐，年紀二十三歲，竟在這五百多的士官和若干隊職官聚集的大廳，她在講台上，態度從容，聲音嘹亮，「談音樂與人生」，博得大家一致的讚賞。

講習班結束不久，部隊移駐嘉義內角，這裡山巒綿延，草木蓊鬱，環境清幽，富有樸實的鄉野風味。我們暇時在小徑徘徊，欣賞山景。陸永興一天在山腰簡陋的眷村門口，邂逅他老師的長女，兩人都感驚喜，於是互訴別後情況。原來她是撤退時，倉促做了軍人太太，永興是少年學生被軍隊拉來當兵的，其間變化，難以想像。

內角營區住了一段時日，徐孟懷好遊，倡議到嘉義市區逛逛。嘉義有奉天宮、彌陀寺等歷史悠久的寺廟，也有不少的娛樂場所，我們荷包不豐，到處走馬看花，只有在水果店茶室等處流連一番。

一九五三年八月初彭順武、張崇聖、陳志揚三位連指導員，從他們各自服務單位來信，鼓勵我去考政工幹校。我亦有志深造，遂和本團余自誠、周鵬飛、李懷遠等去台南報名，參加考試。十月初放榜，我幸被錄取，不久接到幹校通知，連上並辦歡送會。十月十二日我和幾位入學同伴乘車到北投復興崗政工幹部學校報到，成為幹校第三期學生了。

三、政工幹部學校

政工幹校主要是培養政工幹部，要在軍中灌輸反共教育，堅定革命思想，加強愛國觀念。課程有國父遺教、總統訓詞、敵情研究、共黨理論批判、戰地政務及一般文史等項目。蔣經國主任奉命創辦幹校，經常親自參加校中各種集會、訓話，以增進師生關係，奠定他的領導地位。幹校是文武合一的教育，有入伍教育、分科教育。我們入伍教育期滿，正好遇到反共義士一萬四千多人從韓國歸來，政府設立反共義士輔導處，蔣經國主任兼任處長。我們有五六百位同學前去擔任輔導人員，分在下湖、楊梅兩處義士村服務兩個多月，及到反共義士參加軍隊後，我們才回校接受分科教育。何謂分科教育，就是將本科班、業科班（新聞、美術、戲劇、音樂、體育）分別實施的教育。

我讀書還算用功，有些課文是因階段任務而設的，因時空背景條件的變化而有相異的價值觀念，我就不會一味死啃、多花精力了。給我心得較多的，其一是陸鐵乘教授的國文，他對國文課講解詳細，尤其對我們的作文修改特別用心，要求文章結構勻稱，修辭適當，內容充實。他對我的作文批語，指出瑕疵的關鍵之處怎樣改善，使我獲益很多。

其二是李辰冬博士的「文藝講座」，他主持的課程，請了散文家琦君、徐鍾珮，小說家王藍、謝冰瑩，詞曲家鄭騫，新詩元老覃子豪等來談寫作技巧。李博士將他自己主持「中華文藝函授班的：文學與生活」講義結集，供我們研習。

幹校初創不久，有勞動服務：我們常出力出汗，剷平運動場，挖成鴛鴦湖、游泳池，將橄欖球場舖好草皮等。我們在「客難建校」的歷史上，創下光輝的成果。

復興崗的校園環境優美，它的周邊的重要名勝不少，有三處給我印象最深：西邊的關渡宮是台灣古老的廟宇，有聖母殿、文昌殿、古佛洞、財神洞等，規模宏偉，香火極盛。東面陽明山，有中山樓、陽明書屋、陽明公園。公園一年四季皆有花草，是我們休閒駐足的好地方。另一是圓山動物園（木柵動物園前身）。我到這裡才看到老虎、大象、河馬等巨獸，其他許多大大小小的獸類鳥類，也有好多在此處第一次看到。

我曾三度來校：四十四年五月底畢業離校，五十一年十月至五十二年二月，我復進幹校初級班受訓。五十二年八月至五十三年五月，又來校補修專科學分。幹校對我的教育方面、文化方面、思想方面，具有重大深刻的影響。

四、裝甲兵

一九五五年五月初，我們三期同學畢業，我和鄭武吉、曹鴻慶、王祿松等分發到裝甲兵第二師服務，駐地在台中清泉崗，附近有裝甲兵司令部、裝甲兵學校，因此清泉崗是裝甲兵的中心。

我在裝甲砲兵第三營九連任連幹事，看到營區的一列列戰車形象崢嶸，出動時嘎嘎聲震耳，經過的道路，黃塵滾滾，地陷土裂，馳騁的威力駭人。裝甲健兒，身手不凡，臉上常常流露他們自信縱橫戰場的能力。

裝甲部隊，生活比較安定，每週三備有專車運送軍官到台中市區休閒活動，星期日有車載送官兵到台中市及豐原看慰勞電影。台中市是我裝甲官兵最常遊樂的地方。尤其台中公園樹木蔽天，花草繁茂，中有日月湖，湖中潭亭閣玲瓏奪目，湖邊備有遊艇供人盪舟，南有網球場，常有球員練球，北面砲台山、望月亭兩處古蹟，令人喚起歷史的幽情。

清泉崗鄰近的清水，尚有歷史的建築宅第，猶存昔日的繁華；梧溪漁港，魚類甚多。其南大甲著名媽祖廟鎮瀾宮，香火甚盛。裝甲官兵，假日也常在這三處遊逛。

裝甲兵駐在清泉崗，除了演習，不易出動，因而部隊長為了官兵的育樂生活，從事建設。於是興建軍官俱樂部、士官兵俱樂部、歌廳、電影院。營區周邊，民間和軍眷們開設理髮店、小吃店、雜貨店、裁縫店、撞球檯。生意興旺，形成小型的商場。

一九五九年我奉命參加在屏東的傘兵訓練，接受嚴格的「五點著地」訓練，每天皆通身流汗，衣履盡濕，要求體能達到空中跳傘的強度。然後帶了全身裝備，登機跳傘，當走到機艙口，奮身向外一躍，只聽喀嚓一聲，降落傘忽地打開，身在半空中盪漾，徐徐向地面飄落。當離地五百公尺左右時，浮力減少，直墜而下。若遇軟土尚好，如碰上石塊及硬性物件，有時會遭到不幸。當著地時，立即翻滾過去，身體無礙的起來。這樣的跳傘動作，我共跳了九次，後加復訓兩次，共十一次，得到傘兵訓練結業的證書。這是我軍隊生活中嚴格考驗的一章。

裝甲兵常常舉行演習，就我參加的幾次演習地區得到的印象較深的如下：

田中：是我們演習在此駐留時間較多的地區，這裡可供軍隊住宿一千多人的營房，距街道不遠，交通方便。田疇間農民忙碌種田，也有婦女們參加農作，民風樸實勤勞，早出晚歸，一片田家樂氣象。

斗六是雲林縣府城，有很多政府機構在此。縣政府和糖廠都有外省籍職員，並有外省婦女當選縣議員，對省籍成見較少。太平路有傳統街屋數十幢，具有歷史文化的淵源。在市郊演習，駐留二十多天，與居民相處融洽。

古坑：在斗六南邊，有青草湖、瀑布等風景，環境清幽，部隊演習駐在此地，我和副連長等住在前有水池花園的富戶家中。我們為酬謝他借住房屋，餽贈一些禮品，主人很講情義，還設宴答謝，大家禮尚往來，富有人情味。

西螺：西螺大橋聞名，還有西螺鐘樓、振文書院等古蹟。我們在此曾舉行實彈射擊。其南面北港每年三月十九—二十日，朝天宮媽祖慶典，抬像遶境遊行，四方來朝拜的不絕於道。次年承友人邀往參觀，親睹人山人海，家家客滿，香火之盛，世上罕有的盛況。

我在裝甲兵接觸的長官不少，茲擇印象特深的幾位寫在下面：

胡炘將軍：他在一九五五年四月，負責指揮大陳島軍民安全撤到台灣，圓滿達成任務，深得上峰器重，以一陸軍上校師長調升為中將編階的裝甲兵司令，可謂特殊際遇。後來累遷總統府侍衛長、第二軍團司令、巴拉圭大使等職。退休後先後擔任台灣溫州同鄉會、台灣浙江同鄉會理事長，熱心公益，得到鄉親的敬愛。

蔣緯國將軍接任裝甲兵司令（後累升至聯勤總司令），以前曾任裝甲兵旅旅長，那時官兵對他十分崇敬。但時代在變，潮流在變，六十年代的官兵思想、觀念變化很多，蔣將軍的帶兵作風如舊。例如他在裝二師舉辦的三民主義講習班的大禮堂訓話，部隊集合時，有兩位學員遲到幾步，竟怒不可遏，懲罰全體三百多人員到外面跑步數十分鐘，個個流汗氣喘，再來聽訓。這種帶兵方式，已與時代進步的思潮脫節了。

裝砲指揮官雷光三上校（後升少將）以前曾任駐外武官，平時談吐斯文，愛護部下。有次中秋節，他親駕吉普車偕政治處主任前往西螺療養院慰問住院病患，關心部屬。他主持會議輕鬆愉快。有次晚上組織幹部會議，進行順利，提早結束。他笑說時間還早，我們來談談有趣話題。於是有人講電影明星的浪漫故事，在座的亦左右逢源，穿插花邊趣事，掀起沙龍的情調。後來他職務調動，臨別向官兵講話，流露真摯的感情。

五、淡江大學

我對文史課程興趣濃厚，在工作餘暇，研讀不輟，而軍中政戰工作忙碌，鮮有餘暇進修，遂放棄升官之路，於五十五年申請辦理退伍，旋考入淡江大學中文系深造。

淡江大學在淡水鎮的大屯山麓，有古宮殿式的建築教室，簷牙高啄，碧瓦朱楹，古色古香，新建的巍峨大樓設有現代化教室。學校座落在蓊鬱的山巒之中，面向汪洋的淡水河，享有山景水色的風光。

我就讀的中文系，學習先秦諸子、詩經左傳、六朝文選、唐宋散文、唐詩宋詞元曲、中國文學史、哲學史等課程。因此得以瞭解傳統文學的源流，奠定欣賞文學的基礎。在學期間，暇時常去的地方是淡水河邊的漁人碼頭、紅毛城（前清時英國領事館宿舍），東面山坡上的聖本篤（修道院），有時在淡海路上看山看水，也曾探訪對岸八里地區的風光。

我們到三、四年級，轉到台北市金華街淡江城區部上課。初時我租住龍泉街，鄰近師範大學，後來搬到離校較近的潮州街。假日或暇時，常去和平東路、新生南路逛書店，到幽靜的青田街散步，也偶會到永康街、金山街小吃。那時新生南路有金華女中（後改金華國中）、三軍幼稚園園區、回教教堂等文化場景。其時大安森林公園尚未誕生，這裡猶有純樸的氣息。

四年級時，本班同學遊石門水庫，邀黃錦鋐老師共遊。他教「莊子」對我們啟發很多，這次與我同車共座，談他的讀書經驗，對他瞭解更深。石門水庫的湖光山色非常秀美、溪谷風光及遊船樂趣，令人陶醉盡興。

六、財政部

大學畢業後，我參加行政人員特考及格，不久得到人事行政局通知，前往參加公務人員訓練班受訓。於一九七〇年十月初分派到財政部服務。我到該部人事處報到，辦好一切手續，然後晉見主任秘書王昭明先生，面談後，指示到秘書室研考處工作。

研考處設三科，我在第二科，科長李哲農，湖南大學畢業，曾在空軍總部任職，後轉到財政部服務，工作認真。第三科長袁科承，大陸中正大學畢業，來台後再入政工幹部學校第一期研究班畢業，曾在銓敘部服務，三年前轉調至本部，與我是校友，對我特別親切投緣。其他幾位同事，各有不同的經歷，此不細贅。

六十年代的財政部，正是有聲有色的輝煌時期。部長李國鼎，中央大學畢業，留學英國劍橋，曾任經合會秘書長、經濟部部長，作事講求效率，任內改革稅制，設立稽核組，查緝逃漏稅，改善關稅業務，改進金融管理，處事以國家大局著想，有大臣之風，深得朝野一致的讚譽。

常務次長王紹堉，留學美國，曾任退輔會處長、菸酒公賣局局長。精力旺盛，處事有魄力、有擔當、記憶力強，對各種有關資料數據，如數家珍，瞭如指掌，令人敬佩。

主任秘書王昭明，思考周密，文筆敏捷，他初被前經濟部長尹仲容賞識提拔，繼得到李國鼎部長重用，後累升台北市財政局局長、行政院秘書長等職。

此後繼任的財政部部長，有費驊、張繼正、錢純、徐立德、陸潤康、郭婉容(女)、白培英、王建暄等皆各有表現，在此不做細說了。

財政部對職員有培訓制度。一九八一年（民70）年我升任秘書，參加本部財稅訓練所訓練班，接受一個月的講習訓練。講課的師長有本部各司署主官及邀請各處的專家學者。學員們經過一個月的講習，對財政方面有較全面的瞭解，對業務處理會有更為深廣的認識。

參加政治大學教育中心行政管理研究班學習。一九八七（民76）年，我升任科長，遂去金華街政大教育中心行政管研班聽課，任課師長都是現職主官、校長及專家學者等聲譽響亮的人物。給我印象較深的是：台灣大學校長孫震、政治大學校長歐陽勛、銓敘部部長陳桂華、考試院秘書長王曾才、文建會主任陳奇祿、台大訓導長周道濟博士、前法務部長李元簇、人事行政局局長卜達海、婦女領袖李鍾桂、統計學專家柴松林等。他們的卓越見解發人深省，尤其孫震校長的幽默妙喻，令人難忘。

民國六十四年，財政部同仁到慈湖往謁蔣故總統陵墓，湖水瀲灩，陵寢莊嚴，氣氛肅穆，不勝懷念。

財政部住所：

我在台灣早期二十多年，東飄西泊，沒有固定住處，直到財政部服務，於一九七八年在永和安樂路興建「安和新村」，我購得一戶三房兩廳的房子，結構堅固，採光良好。鄰近四號公園，樹木蓊鬱，花草茂盛，並有各種體育設備和演唱場地，而且園中藏書豐富的台灣省立圖書館適時建成，可供精神食糧，這真是適合我的理想環境，從此我就在永和定居了。

七、退休生涯

我喜讀文史，在書中徜徉「古今中外」：頗慕清詩人袁枚，三十八歲即休官侍母，讀書著作，晚年漫遊江南諸省的山水名勝，寫下生動的詩文。我既服公職多年，何必再繼續案牘勞形，深願能稱心快意，為自己的興趣生活。於是提前退休，可以讀我想讀的書，看我想看的名勝，享受逍遙自在健康快樂的人生。

1. 半公式的旅遊

讀萬卷書行萬里路，讀書是知，旅遊是行，我對旅遊很有興趣。一九七一年我到財政部不久，即遇盛大的郊遊：金山活動。李國鼎部長及次長各署長都攜夫人參加，到了金山活動中心，展開各項娛樂活動，洋溢歡樂氣氛，這是財政部辦理活動最有聲有色的一次。

一九七二（民61）年秋我參加行政院研考會，邢組長祖援領隊赴宜蘭縣考察北迴鐵路及蘇澳港建設工程，並到宜蘭縣政府聽取李縣長的簡報，使我對鐵路及海港有更深瞭解。

一九八三（民72）年秋我隨行政院秘書處鄧組長考察財政部所屬的海關業務。我們到台北關、基隆關、台中關、高雄關考察，並到輪船上細看艙內的結構設備，還難得的看到高雄關燈塔的特殊裝置。

2. 自由式的旅遊

在台灣住得這麼長久，自由參加的團體旅遊或家庭自行的旅遊，次數很多，寶島的名勝幾乎遊遍，有些曾遊過多次。現在我將特別著名印象的幾處，寫在下面：。

日月潭，是全台最大的淡水湖，清澈如鏡，山巒環抱聳翠，充滿寧謐氣氛。湖區有涵碧樓、日月行館、文武廟、玄光寺、拉魯島（舊稱光華島）等景點。設有遊艇、碼頭步道、纜車，供遊客選擇使用，教人輕鬆賞玩。

阿里山，海拔二二〇〇公尺，它以登山鐵路、森林、雲海、日出、晚霞聞名，每年三四月櫻花季節，遊客最多。此處的姐妹潭、貴賓館、數百多年的巨木林等景點最為馳名。

太魯閣，過去係原住民行走的古道，深入高山溪谷，有神秘谷、布洛灣、燕子口、白揚瀑布、天祥、梅園、蓮池等山水美景。三棧溪南游的三棧潭，水極清澈，可以清楚看見游魚采石，亦一奇觀。

自一九八七年冬，台灣開放可以去大陸探親，與家睽隔四十年，怎不想回家與親友團聚，但我當時仍任公職，無法成行。及至一九八九年我以到海外度假名義，從香港轉機到杭州，再搭車至家中，與白髮蒼蒼的母親相見，恍如隔世。於是設宴邀集親友歡聚，真有久旱逢甘雨般的欣喜。此後我回大陸探親及旅遊各地，有些還寫了遊記。現將各次旅遊路線景點寫在下面：

1. 香港—杭州—大荊—雁蕩山—西湖
2. 香港—寧波—雁蕩山—上海
3. 廣州—桂林—陽朔—西安—北京（永和宮、頤和園、故宮、天壇、十三陵、長城）
4. 黃山—合肥—武漢—沙市—荊州—三峽—酆都—重慶
5. 樂清—杭州—蘇州—南京—上海
6. 溫州—青田—龍遊—義烏—蘭溪—紹興—天台—雁蕩山—椒江—大陳島
7. 北京—故宮—長城—十三陵—頤和園—大觀園

8. 杭州—蘇州—普陀山—奉化—溪口—千島湖

9. 青島—濟南—煙台—蓬萊—威海—大明湖—泰山—孔林—孔府孔廟

我的遊歷，雖不夠全面，但在這些旅遊名勝中所得印象和觀感影響很大。我們的河山如此壯麗，歷史這麼悠久，全國同胞應團結合作，為中國的崛起日益強大而努力奮鬥。

我年輕出外，時光匆匆，轉瞬已到老年，值得欣慰的是我壯志益堅，讀書不輟，寫作不停，晚年能回大陸探親及遊覽各地名勝，體認我們自己植根的土壤，探賞祖國壯麗的山川，領悟和平奮鬥發展的理想。因此我在海外滄桑的歲月，仍然積極的努力向前邁進，期能不虛此生。

二〇一五、四、四 永和吳仁傑

輯一 文化反思

我感悟的尋根文化

樹高千丈，落葉歸根。我們的根在那裏，我們的祖先在那裏，我們都應該重視自己的家族歷史。歷史上的風雲人物，都有家鄉的觀念，亦就是都有尋根的文化。漢高祖劉邦詩云：「大風起兮雲飛揚，威加海內兮歸故鄉，安得猛士兮守四方！」力拔山兮氣蓋世的項羽云：「富貴不還鄉，如衣錦夜行」。衣錦榮歸，光宗耀祖，實是人生最大的理想。宋代文豪歐陽修有文云：「仕宦而至將相，富貴而歸故鄉，此人情之所榮，而今昔之所同也。」由這些往例，可見事業有成的人，都有回鄉與親友共享榮耀的意願。

上面所講的是理論宣示，再看古人的回鄉尋根的行動，詩聖杜甫在安史之亂時，聞唐軍收復河南河北地區時，欣喜非常，遂寫詩云：劍外忽傳收薊北，初聞涕淚滿衣裳……卻看妻子愁何在，漫卷詩書喜欲狂。白日放歌須縱酒，青春作伴好還鄉……。可見他對還鄉多麼的歡欣。賀知章在朝廷做官多年，告老返歸故鄉，作詩云：「少小離家老大回，鄉音無改鬢毛衰，兒童相見不相識，笑問客從何處來」！宋詩人黃魯直在外作官多年，因事經過故里，趁機回家和親人聚晤。作詩云：「兒時手種柳，上與雲雨近，歸來翻作客，顧影良自哂」，在他離家的歲月中，環境有了很大的變化，原在這裡長大的子弟，現在竟將他當作客人了。

我們素以宗法社會著稱，也就是十分重視家族的系統，遇到同姓的朋友，特別親熱，認為五百年前是一家的血緣關係。我們家鄉每隔三十年上下，必重修族譜一次，因此族譜是記載宗族繁衍變遷的歷史。經由族譜的線索，就可以找到祖先的根。一九九八年中國吳氏通書在廣西南寧籌編，經過三年多，於二〇〇二年五月完成一部三百萬字的巨著，內容豐富，考證周詳，宗姓這樣的巨著，可謂空前的創舉，由此可證我們吳氏重視血緣表現的具體成績。

據我閱讀所及，感到客家人的尋根文化最為出色。他們每隔若干年召開世界懇親代表大會，舉辦「客家文物藝術展覽會」，並編著有「客家人尋根」一書，對客家人生活的地區分佈，著名人物生活習慣，民風習俗，都有詳細的介紹說明。他們從中原南遷，幾經離亂歷盡艱辛，養成節儉、勤勞、積極進取、堅忍不拔的精神，尤其值得稱道的是他們愛種族、愛國家的心理觀念。

我國傳統是明禮尚義，重廉知恥的國家，號稱禮義之邦。但自五四運動掀起思想革命，於是攻擊舊道德、舊習俗、舊文學和舊的社會倫理關係，引入西方思想，要求個人自由，提倡科學、民主。提倡科學民主沒有錯，然而不講道德就有問題了。道德文化是承先啟後，繼往開來的，怎能不予重視呢！孫中山先生瞭解中西文化，他認為忠孝仁愛信義和平的固有道德，不但要保存，而且要發揚光大。前總統蔣中正先生認為禮義廉恥的重要，將其列入「新生活運動」的綱要之中。但社會受了西方自由民主思潮澎湃衝擊，許多人不重視道德修養，專在競逐名利翻雲覆雨，社會的溫厚風氣日益稀薄了。

文化大革命是對中國文化最大的衝擊，紅衛兵們高喊破四舊（舊文化、舊風俗、舊習慣、舊思想）堅持階級鬥爭，造反有理，革命無罪。他們認為知識份子是小資產階級，屬於打倒的對象，專找其片言隻字加以歪曲，無中生有，極盡汙衊的人身攻擊，甚至將其送入牛棚，受盡折磨，不少人喪失生命。而紅衛兵的暴行無法無天，恣意妄為，擅自闖入被鬥的人員家中，翻箱倒櫃，抄到有價值的東西，沒入私囊。他們要消滅親情，鼓動家人內鬥，使骨肉相殘，倫常喪失，特別是許多文物古蹟遭到破壞，令人浩歎。

文革過後，改革開放，有些知識青年，反思文革時代的艱難歲月，認知中國文化和人文精神的可貴，掀起尋根思想的熱潮。青年作家韓少功、阿城、李杭育等紛紛撰文發表「文學的根」的文章，韓少功是尋根文學的主要倡導者，認為文學的根深植於民族文化的土壤裡，根不深，則葉不茂。李陀想尋找自己宗族裡的根，阿城要從傳統文化中尋找理想的精神。尋根作品重要的還有賈平凹的「商州系列」，王安憶的「十鮑床」，張煒的「古船」及張承志、史鐵生、馮驥才等的小說，蔚成「尋根文學」的新潮。

追溯尋根文化由來已久，尤其彰顯的在晚清時期，派遣青年出國留學就已開始了。自甲午戰爭失敗，當時朝野一致主張選派青年學生出國留學，以學習外國之長，回國作出貢獻，復興國家民族。茲舉這些留學回國貢獻較著的幾位略述於下：

嚴復（1854-1921）最早留學英國海軍學校，回國在海軍單位任職，譯有「天演論」，以「物競天擇，適者生存」的論點號召國人救亡圖存。後又譯「原富」、「法意」、穆勒「名學」等著作，對當時思想界有很大影響。詹天佑（1861-1919）留學美國耶魯大學，回國主持中國自建第一條鐵路（北京至張家口），為中國工程建設開創先例。胡適（1891-1962）留學美國哥倫比亞大學，一九一七年提出「文學改良芻議」，與陳獨秀等倡導文學革命，用語體文創造新文學，對語體文推廣和文化轉型有重要的開拓之功。費孝通（1910-2005）留學英國倫頓經濟學院，回國後從事中國農村調查研究，著有「鄉土中國」、「江村經濟」、「生育制度」、「中國鄉村」、「中國文化的重建」等有力作品，對中國農村和中國文化有重大貢獻。

中共政權一九四九年成立後對科技十分重視，並努力發展核武太空為目標，而在原子彈、氫彈的發展過程中，出力最多，貢獻最大的是國外留學回來的錢學森、錢三強、錢偉長，被稱為大陸科技三寶的三錢。錢學森留學美國麻省理工學院航空工程系，一九五九年回國直接參與領導運載火箭導彈衛星的研製，有輝煌成績（詳後火箭導彈系列）。錢三強留學法國，師從居里夫人研究原子物理學，一九四七年回國，一九五〇年歷任中國科學院近代物理所所長，原子能所所長等職為中國原子發展主要負責人，完成原子彈、氫彈爆炸成功。錢偉長留學加拿大，為世界火箭宇航工程的拓荒者，抗戰勝利後返國，後擔任中共尖銳科技的研究作出貢獻。

此後大陸的科技經過三錢及王淦昌、程開甲、任新民、于敏等專家科技人才的努力，奠定良好的基礎，茲將重要的科技成就簡列如下：

1. 火箭導彈

1963.10.11 成功發射東風 2 號近程地地導彈
1964.06.29 發射東風 2 號中程地地戰略導彈
1964.10.16 中國第一顆原子彈爆炸成功
1967.06.17 中國第一顆氫彈爆炸成功
1970.01.30 東風 4 號遠程戰略導彈發射成功
1985.05.30 東風 21 號中程固體戰略導彈發射成功
2014.01.14 東風 21 型彈道飛彈（DF-21）反艦彈道飛彈，可攻擊航母，稱航母殺手
2014.08.21 大陸軍方試射 10 倍超音速滑翔式飛彈 WU-14
2014.12.20 東風 41 號成功發射搭載十枚核彈頭射程 14000 公里，可使多彈頭一彈多發，覆蓋全美。

2. 航　太

1970.04.24 東風 4 號長征——一號火箭第一顆人造衛星射入太空

1981　中國大陸一枚運載火箭同時將三顆衛星發射太空
2003.10.15　發射神舟五號將人類送上太空
2008　首度進行太空船「出艙活動」（太空漫步）
2010.02　發射第二枚探月衛星嫦娥 2 號
2012.12.14　發射神舟九號，將太空人送上太空
2013.06.11　將神州十號載人太空船順利升空與返回
2014.10.25　嫦娥五號於十月廿四日於凌晨發射

3. 機　艦

大陸已能自製空中預警機，空中加油機，大型運輸機
殲 15 艦載機，殲-10B 殲擊機，殲 20 隱形戰機
殲 31 隱形戰機，「利劍」無人機
中國航母「遼寧艦」

科技的發展成就，使大陸的國防力量壯大，敢於面對世界強權的干擾尋衅，我們今日談尋根文化就是要對我國祖先傳下的文化遺產產生興趣，尋找振興發展的道

路，惟尋根文化很廣，茲擇三方面談起：

一、古都：古都有地理因素，也有歷史文化因素，下面略述六大古都的形勝：

1. 北京有三千多年歷史的都城，有故宮、太廟、社稷壇、天壇、三海（北海、中海、南海）。城外有風景奇絕的頤和園，是世界上歷史最久景物最美的都城。
2. 南京是東吳、東晉、宋、齊、梁、陳六朝古都，有明孝陵、中山陵、玄武湖、莫愁湖、雨花台、瞻園、秦淮河等風景。
3. 西安：古稱長安，先後有周、秦、西漢、隋、唐等十二個朝代在此建都，有兵馬俑、華清池、大雁塔、小雁塔、半坡遺址等勝跡。
4. 杭州：五代十國之吳越及南宋在此建都。杭州有孤山、岳墳、靈隱寺、玉泉、小瀛洲、六和塔、虎跑、雷峰塔等名勝古蹟，西湖風景區馳名中外。
5. 洛陽：自東周以來有九個朝代在此建都，古城有三所，一是周代的王城，二是漢魏古城，三是隋唐洛陽城。隋唐都城在長安，但隋煬帝、唐太宗、唐高宗、武則天都喜居住洛陽。勝跡有龍門石窟、白馬寺、天津橋、關林等。
6. 開封：戰國魏、五代梁、晉、漢、周、北宋皆建都於此，城有內外城三重，環繞內城，四面建有外城。北宋時經濟繁榮，名畫「清明上河圖」就是繪開封的富庶景象。名勝有「朱仙鎮、禹王廟等」景點。

二、古蹟：古跡是古代留下的遺跡，也是尋根文化的追溯要項，古蹟很多，本文只舉最重要的如下：

1. 敦煌莫高窟：俗稱千佛洞。是從十六國至元朝十幾個朝代的開鑿成規模宏大的石窟，其中彩塑、壁畫、木構窟檐及歷史文獻、文物，是佛教藝術的寶庫，現已列為世界文物遺產。

2. 黃鶴樓：始建於三國時代，歷代屢毀屢建，雄偉壯麗絕倫。唐崔顥、李白等題詩其上，至今仍為歷史文化的著名景點。有天下江山第一樓之譽。

3. 兵馬俑：係秦始皇的墓葬品一九七四年為農民發現，有出土的陶俑、陶馬、銅車馬等，個個栩栩如生，形態逼真，現已列為世界文化遺產。

三、經典：古代流傳下來的經典，是中華智慧的結晶，也是尋根的主要文化。經典有五經（易、詩、書、禮、春秋）及諸子。茲擇諸子重要的幾家簡介：

1. 孔子：根據他弟子所編的論語所述，最高道德是仁。「仁者己欲立而立人，己欲達而達人，己所不欲，勿施於人。」「為仁由己」「仁者安仁，智者利仁」，有仁德的人，無論在任何情況下，都安心於仁，達成仁德的行為。

2.孟子：受學於子思門人，景仰孔子，傳承孔子之學加以發揚，與弟子萬章等著有「孟子」七篇，主張人性本善，仁義禮智四端，與生俱來。提倡仁義，民貴君輕之說，為倡導民主的先聲。

3.荀子：繼承儒家傳統，主張人性本惡，與孟子的性善相反。他說：「若夫目好色，耳好聲，口好味，心好利，骨體膚理好愉佚，皆生於人之情性」。性是自然，而偽則是人的後天的努力。他重視學習「鍥而不舍，金石可鏤」，要改變人之性惡，主張「化性起偽而天下治」。

4.老子：名李耳，著有道德經五千言，他反對儒家的「仁義」，他持的理由是「大道廢，有仁義，智慧出，有大偽。」「絕仁棄義，民復孝慈」，「無為，自然」是最好的政治。他反對文明，社會進化。「民多利器，國家滋（更加）昏。人多技巧，奇物滋起」。提倡回到淳樸的遠古生活。

5.莊子：名周，宋國蒙人，做過漆園吏。莊子書分內外篇，內篇為其自作，外篇雜篇則出於後學作品。莊子對追求知識消極，「吾生也有涯，而知也無涯，以有涯隨無涯，殆已！」對彼是的關係問題：認定：「是（此）亦彼也，彼亦是也，彼亦一是非，此亦一是非」。事物沒有是非的客觀標準。「死生存亡、窮達、貧富、賢與不肖、毀譽、飢渴、寒暑，是事之變，命之行也。」命是人力不能左右的，人生遭遇要哀樂不入，安時處順，自適其適，過其逍遙的生活。

6. 墨子：戰國時魯國人，門徒三百人。「以裘褐為衣，以跂屩為服，日夜不休的勞動」。墨學主旨是兼相愛，交相利，赴火蹈仁，以自苦為極，提出兼愛、非攻、尚智、尚同、節用、節葬、非樂、非命等主張。「政者，口言之，身必行之，言必行，行必果，」墨子重視言行一致，只要有利於天下，摩頂放踵，在所不惜。

我國的讀書人故國情懷，特別濃厚，對文化特別關心。范仲淹先天下之憂而憂，後天下之樂而樂。張載，為天地立心，為生民立命，為往聖繼絕學，為萬世開太平。陸放翁「但悲不與九州同」，辛棄疾關懷「千古江山」，他們都有為天下國家的政治抱負。

自從中國崛起，大陸留學生回國的急速增加，近十年來留學生回國到二〇一三年底，總數已達 144 萬 4800 人（2015.1.26 旺報），這樣眾多的知識精英回國服務，定會提升經濟文化的發展，也可說是中華民族尋根文化的傳承發揚。

大陸改革開放後，科技上有了很大的發展，經濟上的發展尤其驚人，現在已是成為全球第二大經濟體。龐大的經濟實力和進步的國防力量。中共領導人習近平初接任國家主席演講，就提出「中國夢」，要尋回民族的根和魂。二〇一五年更提出「亞太夢」，推出一帶一路絲綢之路經濟帶，海上之路經濟帶，中國願意同各國推進一帶一路建設，為亞太互聯互通發展繁榮做出貢獻。

二〇一五年三月，中國主導成立亞洲基礎設施投資銀行（簡稱亞投行）正在實施經濟和金融擴張策略，西方英、德、法、義、澳、瑞、比、西等重要國家加入該行，使其組織的效應迅速擴大，會員國已擴增到（57）國，美國一直阻止盟國加入亞投行，幾乎完全失敗。

除了亞投行之外，中國稍早已組成金磚國家（中國、俄國、印度、巴西、南非）開發銀行，絲路基金。現在中國握有外匯儲備4.2兆美元，持有美國的國債9％。二〇〇八年度，全球金融危機，美國連續三期的貨幣寬鬆政策，大量印製美元，橫行世界金融市場，獲取美國利益，全球各國無可奈何。隨著中國的崛起，主導亞投行等金融組織，寰球經濟重心正在一步步向中國傾斜，逐漸消蝕美國操縱國際金融的霸權地位。

當今睡獅已經醒來，正在抖擻精神，英勇邁進。我們的尋根文化承先啟後，與時俱進，繼續不息，創造中華民族的燦爛光輝。

吳仁傑　於永和

二〇一五、四、四

我體悟的人生哲學

我們在世間生活，不論士農工商，不管他幹那一行，都有他的人生經歷，都有不同的遭遇。因此，就有他對人生的看法，他的處世心態也就是他的人生哲學。有人志在仕途，遂向做官的道路發展。有人志在商業，遂向懋遷發展。有人志在山林，遂向荒野隱居與禽鳥林泉為伴；有人不求聞達，安時處順，以讀書撰述自娛。這些都是他們的生活方式，他們的思想觀念，也就是他們的人生哲學。論語子曰：「盍各言爾志」子路曰：「願車馬衣裘與朋友共，敝之而無憾。」顏淵曰：「願無伐（誇）善，無施（表揚）勞。」子路問孔子之志，子曰：「老者安之，朋友信之，少者懷之。」這是孔子、子路、顏淵的志業，也是他們的人生哲學。宋代理學大師周敦頤處世超然自得，輕視名利、不卑小職，身安為貴，泰然自足。理學家張載「視天下無一物非我。民胞物與，天人合一。」西人培根說：「知識便是力量，人有知識，方能有所成就。」我們從這些哲人的智慧思想中，對於自己的人生哲學當有很多的啟發。

我在傳統的社會習俗中成長，承受中國傳統文化主流的教育，故有強烈的民族自尊心。我的根本思想，我的人生哲學是中國人自立自強，修己愛人的觀念。茲將我體悟的人生哲學，分作以下五點來說明：

一、好學深思

我小時對讀書就有興趣，課外喜閱三國演義、隋唐演義、楊家將、七俠五義、水滸傳、西遊記、封神榜、鏡花緣、儒林外史、紅樓夢等小說，但那時只對小說的故事情節感到津津有味，談不到對藝術的欣賞。後來年事漸長，讀到中國文學史、中國小說史、二十世紀中國小說與文化、晚清小說與理論研究等書，才知小說不只是說故事而已，它有其時代意識與藝術價值，如果對小說沒有審美的能力，自不能欣賞小說的佳妙。大學時代閱讀詩經、楚辭、先秦諸子、漢賦、魏晉文學、唐宋散文、唐詩、宋詞、元曲等古典文學，自此略涉中國文學的概況。後閱劉勰「文心雕龍」、鍾嶸「詩品」、朱光潛的「文藝心理學」、「談美」、郭紹虞的「中國文學批評史」、王國維「人間詞話」、周振甫的「詩詞例話」「文章例話」、劉衍文、劉永翔合著的「文學鑑賞論」等著作，看到文學的園地，傑作如林，美不勝收。加上現代的文學的勃興，藝術繁複多元，眾聲喧嘩，尤須閱讀更多的作品和文學批評，深思研究，才能提高自己鑑賞的能力，增進理解文學的藝術價值。

中國書籍浩繁，怎樣多學而識，擇善而從，這需要讀者的智慧判斷取捨。孔子（論語子罕）說「無意」、「無必」、「無固」、「無我」，提出不可主觀妄測自以為是的謬誤，凡事應實事求是，審慎思考。我們讀到孟子主張性善論，荀子主張性惡論，兩者誰說得有理，我們要研究分析，求得正確的認識。「學而不思則罔，思而不學則殆」，我們研究學問應當有慎思明辨的能力，才能於各種學說中得到正確的知識。

中國的先秦諸子都是重要的哲學思想家，其哲學重點是講人生，亦可以說是人生的哲學。如孔子講「為仁由己」、「己欲立而立人」；老子「柔弱勝剛強」、「道法自然」，墨子兼愛，孟子「民為貴，君為輕」、「無恆產，無恆心」、「捨生取義」；莊子「生有涯而知無涯」、「民有常性，自適其適」；荀子「人生不能無群，群而無分則爭」、「化性起偽，使人成善」；韓非「以法治國」等主張都是人生哲學。我們如能研究省思，相信對實際人生有輔導匡正等益處。

二、持身勤儉

中國人是勤勞的，古人云：「勤則家起，懶則傾家，儉則家富，奢則家貧。」這是勤儉的格言。我國自古以來，以農立國，須努力耕耘農作，才能有所收穫，故勤儉為必要條件。諺語有「男人勤，吃得飽；女人勤，穿得好。」「災荒餓不著勤勞人。」由此說明勤勞與生活的關係。農人收入不多，節儉乃成習慣；就是富貴之家，德行之士，亦都以儉素為美。宋名臣司馬光訓他的侄兒云：「由儉入奢易，由奢入儉難。」又云：「儉則寡欲，君子寡欲，則不役於物，可以直道而行。小人寡欲，則能謹身節用，遠罪豐家。」勤儉對於君子小人都是有益的。

當今二十一世紀，社會經濟水平遠比上世紀五、六十年代高出許多，但社會上一般喊苦之聲不絕。不少青年男女，只圖如何享受，卻怕難怕苦，不肯勤儉。於是不婚、不生、不養、不育的現象，日益浮現。國史館台灣文獻館前館長劉松峰先生退休後致力當媒人，他認為大家不生小孩，便衝擊產業學校及各行各業的生存發展，若不結婚就沒有後代了，這是警世誡言。我認為生育子女繼續人類生命是青年男女不可推卻的使命，怎麼可以逃避責任呢？

勤儉不但可以使男女溫飽，還有能力養育子女，培養成材，行有餘力，則對國家社會有所貢獻。宋代名臣范仲淹曾獻出他的俸祿，供養四方的遊士。後官至宰相，仍節儉如常，教人不倦。如非招待賓客，用餐不備肉類。他的妻子衣食樸素，生活簡單。他用俸祿所得，在家鄉置辦義莊，贍養宗族寒門。四方之人，莫不稱道。我們應效法他的高風亮節，持身勤儉，樂於助人的理想。

我平生從事公職的歲月為多，勤勉不懈，堅守崗位。開支量入為出，略有儲蓄，為大陸雙親晚年滙寄生活費，並為之建墓、建亭，並為大陸弟妹親友，稍有饋贈。自己在台，購屋置產，培養二子完成研究所教育，聊盡棉薄。勤儉持家，不墜家風，為家建立安全的避風港，期待晚年生活的舒暢。

三、襟懷淡泊

諸葛亮箴言「淡泊以明志，寧靜以致遠」，這是他成就偉大事業崇高的理念。一般人心中患得患失，對人無識，對事無策，故事業難成。聰明人養心寡慾，襟懷淡泊，故能持志養氣，成就一生的事業。當越王勾踐打敗夫差復國成功，范蠡謂文種曰：「越王為人長頸鳥喙，可以共患難，不可共安樂。」文種以為他倆助越王滅吳大功，怎會被殺害，故不聽范蠡之勸，戀棧不去，後遭殺戮。而范蠡功成身退隱居，經商致富，逍遙自在，他的遠見非常人可及。晉代陶淵明的人品高潔，眾所敬仰。他的人生最清真，他想作官就去找官做，並不以作官為榮。他覺得作官不好，就辭職退隱，並不以去官為高。飢則叩門乞食，飽則雞黍迎客，古今賢之，貴其率真。他返里耕讀，且與稚子農夫和諧相處，以山水詩酒為樂。他的人生道路，他的人生哲學，是歷史難得一見的襟懷淡泊人物。

宋代理學開山祖師周敦頤胸懷淡泊，雖長期作州縣小吏，處世超然自得，輕視名利，雅好山林，人品甚高，如光風霽月，他的精神境界充滿持久的快樂。西方哲人康德，亦安於貧窮，不求聞達，費力十五年，寫成傑作：「純理性批判」，成為著名哲學大師。仕途的變化無常，如果熱中利祿，追逐爭權不已，未有不遭到失敗的下場的。故須心胸淡泊，安守本分，不貪不求，隨遇而安，即使難關重重，也須披荊斬棘，設法破解，「山窮水盡疑無路，柳暗花明又一村」就是克服難關，迎接光明的例子。

歷觀先哲的節操高風，我是「高山仰之，景行行之，雖不能至，心嚮往之。」

的。我原在舟山任小學教員，三十九（1950）年五月十五日，對岸共軍集結，形勢不利，舟山防衛司令奉命率領各駐軍部隊撤退，臨時帶來許多當地的公教人員及民眾二萬多人，我亦是其中之一。到了台灣，我轉入青年軍二〇一師部隊服務。民國四十二年（1953）十月考入政工幹部學校（後改政治作戰學校）政治系讀書，畢業後分發至裝甲兵第二師服務。我在學校時對文史課程興趣濃厚，在工作餘暇，研讀不輟。由於軍中政戰工作十分忙碌，鮮有餘暇進修，遂放棄升官，於五十五年中請辦理退伍。旋考入淡江大學中文系深造，畢業後轉入財政部服務，幹到科長提前退休。我除在部內閱讀財經方面的書籍作為工作的參考外，仍繼續研讀文史，倘佯「古今中外」，感到無窮樂趣。生在現代社會，個人的所見所聞有限，而在書籍中，可以上天下地看到古今許多偉大的學者、作家、詩人的創作，及英雄豪傑的豐功偉績，由此知道歷史的發展，與文化的演進，因而得到許多人生的經驗啟示，增進人際關係及處事能力。綜觀古今人物，富貴窮達，功過得失，在歷史長河中，不過是浮生若夢。一己的人生遭遇，猶如天地間滄海一粟，若遇困難險阻，惟有盡心盡力，不值得患得患失，憂心忡忡。因此我抱這樣的思想觀念，襟懷自然會淡泊起來，期勉安時處順，寬以待人，希望過著健康快樂的人生。

四、養生保健

健康是一個人事業成功的基礎，有了強壯的身體，才有充分的精力和較長的歲月創造事業。魏王弼才華卓越，勤於著述，得年僅二十四歲；唐王勃（子安）詩文傑出，年只二十九歲；李賀詩作奇詭驚邁，得年僅二十七歲；近代散文家梁遇春，天才早熟，得年僅二十六歲。深感這些天才人物年光過速，如果長壽，當有更多寶貴的著作流傳世間，啟迪後人的智慧，提供更多的價值。莊子云：「小年不及大年」，由現在的話說「短命不及長壽。」曹操詩云：「盈縮之期，不獨在天，養怡之福，可得永年。」他說人的壽命，亦非全由天定，如善能調養，可延壽命。我們除了足夠的營養，還要努力運動，才能活得健康，才能對社會有所貢獻。現代的高壽大老陳立夫資政，享壽一百多歲，他的名言是「養身在動，養心在靜，飲食有節，起居有時。」百歲少將榮民王蒲臣的健康養生兩原則：一是多笑多動多工作，二是忘老忘年忘怨仇，這是他樂天知命的長壽之道。二〇一二年重陽節馬英九總統往訪高雄市百歲人瑞趙慕鶴。他每天常騎腳踏車，上網寫部落格，自己洗衣燒飯，勤練書法，並贈送馬總統書法作品一幅。他壽登期頤，尚能握毛筆寫出法書，古今罕有。

我有心運動強身，但陳立夫資政的八段錦較繁，沒有耐心練習。其他如太極拳、外丹功、香功、太極氣功、慢跑、游泳、打球、跳繩等健身運動，我亦沒有去認真學習。現在我每日努力實行的，只有散步一小時左右，甩手運動三十分鐘，自覺對身體健康有正面效應。

我對飲食頗為注意，不煙、不酒、少吃肉類、脂肪食物，多吃魚類、青菜、海菜；多喝牛奶、豆漿；常吃蛋和大豆；水果則三餐不缺，因此一向腸胃都少有問題。

杜甫詩：「人生七十古來稀」，那是古人的壽命估計，而現代一般人食物營養豐富，衛生條件及醫藥進步，壽命較前增長。「七十小弟弟，八十多來兮，九十不稀奇。」變成流傳長壽的豪語。我平生頗注意養生保健，期望達到高齡的歲月。

五、日新又新

一個人要成就學問事業，必須繼續不斷努力，日新又新，才能達成理想的目的。三國魏時阮籍詠懷詩有云：「昔年十四五，志尚好詩書，被褐懷珠玉，顏閔相與期。」阮年輕就有志與孔門著名弟子顏回、閔子騫一樣高潔的品行。他容貌俊美，言行坦蕩，嗜酒善琴，喜好老莊，明哲保身，憂思社會離亂，文多隱晦，作詠懷詩八十二首；意境高妙，著名於世。

近代名臣曾國藩器識宏深，學問純粹，為文深宏駿邁，欲合道與文為一，有聲於時。其致諸弟書云：「進德修業，此二者由自己作主，得尺則我之尺也，得寸則我之寸也，今日進了一分德，便算積了一分穀，明日修一分業，又算餘了一分錢。」這是勸其諸弟德業並進，日新又新激勵的用意。六十年代我看蔣廷黻回憶錄，指出學習歷史對從政功用較大，許多歷史學家多能居政府要津，（蔣自己由清華大學歷史系教授轉任行政院政務處長，後任駐俄大使，駐美大使及駐聯合國大使等職。）我原讀中文系，後任公務員，由蔣書啟示，遂轉而研讀中國歷史，尤其重視近代史及傳記文學。七十年代大陸作品可以流入台灣，得以閱讀中國五四以來的著名作家，如魯迅、周作人、茅盾、郁達夫、巴金、老舍、葉紹鈞、俞平伯、曹禺、沈從文、冰心、丁玲、蕭紅、豐子愷、李廣田等作品，遂能清楚看到中國新文學發展主流的風貌，無異打開另一扇窗看到文學的新天地。

「讀萬卷書，行萬里路」，我看了大陸各種遊記，油然興起遊歷大陸的意願，於是在八九十年代曾旅遊廣州、桂林、昆明、西安、重慶、漢口、合肥、黃山、沙市、重慶、杭州、蘇州、南京、上海、寧波、溫州、普陀、大陳島、濟南、青島、煙台、曲阜孔廟、泰山、北京、長城、西湖、太湖、千島湖等地的名勝古蹟，看到我國的壯麗河山，加深懷古愛國的觀念。大陸改革開放後，民眾財富增多，建設突飛猛進，科技快速發展，並且在太空探研有驚人的成果，令人刮目相看，更喚起我對國家民族發奮圖強的信心。

如今我進入老年歲月，仍壯心不已，多看新的書，吸收新思想。當今中國的崛起猶如旭日東升，光輝燦爛，成為世界注目的中心。我特別留意大陸興起的資訊，充滿了希望和信心，期待二十一世紀是中國人的創造日新又新的世紀。

結語

我受中國傳統學說的薰陶，不論孔、孟、老、莊、墨、楊、荀、韓及宋明理學，都是中國的學術系統，我們的生活習慣亦是深受中國傳統教化的影響，縱然我們現代的教育，有些採擷西方的精華，但只是增添了枝葉，沒有徹底改變中國傳統的主幹發展。我讀過不少中外歷史哲學，但我對人生的看法，仍然不脫中國的倫理傳統。我以中國的四維八德和西方的自由、平等、博愛相融合，並且嚮往前賢的高風亮節，作為人生努力學習的目標。

著名學者季羨林先生，「九五述懷」中有句云：「晚年多一些典雅，少一些粗暴，多一些溫柔，少一些莽撞。」真是人生晚年的名言。我生平任過教師、軍人、公務員等職務，也嘗過一些人生的甜酸苦辣。自從退休以後，立即開始自由讀書的生活，除了不斷添購新書，還向各圖書館借閱有關的書籍。如今我的書房擁有四壁圖書，讀書之樂如魚得水，「雖南面王不易也」。我憑信心和毅力，終於完成高等教育，在書籍海洋中探索欣賞，學習寫作，披露追求進步發展的軌跡。

談人口問題

據二〇〇五年十二月二十二日民生報載「世界人口現已突破六十六億。全球人口每秒鐘增加二十六人，每年新增人口超過八仟多萬人」，這數字實在驚人。尤其亞洲增加的人口最快，占全球百分之五十七，非洲第二，佔百分之二十六，而印度的人口增加速率遙遙領先，一九五一年是三億六千一百萬，一九七六年六億，二〇〇七年達到十一億人。

茲舉世界人口眾多列前五名的國家如左：

中國十三億（二〇〇六年）

印度十一億（二〇〇七年）

美國三億（二〇〇六年）

印尼二億六百多萬

巴西一億八仟五百萬

中國人口一向為世界各國之冠，清朝康熙、雍正、乾隆三朝其間，政治安定，經濟發展，人口繁殖加速，乾隆五十九年（一七九四）人口增至三億一千三百二十餘萬，至道光十四年（一八三四）人口已超過四億。民國初年，已增至四億五千萬，一九五三年，已達六億多人，對於如此眾多的人口，遂使有限的經濟成長，往往還不足以抵消人口增加的生活消耗。這樣的情況如不改善，人民的生計是無法提高的。大陸經濟學泰斗馬寅初先生很早就看出人口問題，他在五十年代就到各地調查考察，看出糧食雖然增產，卻被增加過快的人口吃掉了，故人民始終在貧窮線上掙扎。他研究中外歷史的經驗寫成「控制人口」的論文，交浙江人大代表在集會中徵求意見，但贊成者少。他繼續到外地考察調查研究，並向專家學者徵詢意見，獲到普遍支持。一九五七年二月，他得允在中南海最高國務會議關於「控制人口」問題的發言，介紹我國每年百分之三的增長率，如不進行控制，問題嚴重，當時毛澤東在場聽了，表示贊同支持他的主張。

然而不久，一九五七年十月，人民日報發表文章，指馬寅初的人口問題是嚴重的政治問題，稍後陳伯達、康生等批馬為「馬爾薩斯」人口論，接著各大報紙先後發表批判馬寅初的許多文章。

毛澤東旋改變先前支持馬寅初的態度，認為「人多好辦事」，他自豪「人海戰術」，認為「如果第三次世界大戰，要摔原子彈、氫彈的戰火，六億人口損失了一半，還有三億，怕甚麼！」

接著康生等當權派人物佈置對馬批判，全國批馬的文章風起雲湧，並在北京大學搞批判大會，迫使馬寅初辭去北大校長及人大常委職務。

中國在六、七十年代人口增長過速驚人，一九五三到一九五七人口自然增長率百分之二十二，一九六二年千分之二點一，一九六三年暴增到千分之三十三點五，一九六四年到一九七四年這十年中每年增加二千多萬人，計共增二億多。自一九五七到一九七八的二十年中，人口從六點四六億增加到九點六三億，共增加三億多，於是引起有識人士的注意關切。

周恩來於一九七二年召開全國計劃生育工作會議，一九七三年提出計劃生育，要實行「晚」、「稀」、「少」三個要求，「晚」是指男二十五周歲，女二十三周歲才結婚，「稀」是指兩胎間隔四年左右，「少」是指只生兩個孩子。

一九七九年九月馬寅初的「新人口論」獲中共「徹底平反」，承認其人口論正確，節制人口為當務之急，有人曾為此慨乎言之：「批錯一個人，多了三億人！」一九八〇年中共中央發表公開信，鄭重要求「一對夫婦只生一個孩子」的號召。儘管此後中共多次制訂控制人口條例，提倡計劃生育，人口增長率開始下降，但由於大陸人口總量太多，每年生育仍有一千多萬，到了二〇〇六年，大陸人口已達十三億了。

台灣亦在同時出現人口增長過多的問題，首先大聲疾呼的是蔣夢麟博士，他曾任北京大學校長，農村復興委員會主任委員。他於三十八年農復會遷台後，資助台灣省農林廳舉辦農家經濟調查中，發現人口增長過速，乃撰文提及「生之者眾，食之者寡，為之者疾，用之者舒，則財恆足矣」的古訓，稍後發表「土地問題與人口」，四十八年四月十三日，蔣在記者招待會發表「我們面對日益迫切的台灣人口問題」。指出「台灣每年增加一個高雄市的人口」，「每年消費一個石門水庫所能增產的糧食」。「如不節育，人口必迅速增加，就無法脫離貧困，走向健康、富足的社會」。農復會乃在各地積極指導婦女推行家庭計劃，饒是這樣，台灣人口，民國三十五年底，總數為六百零九萬，但到九十五年，已增至二千三百萬了。

人口的不斷增加，必會造成食品、住屋、耕地等等的不足，於是必然產生貧窮的後果。

一七八九年馬爾薩斯出版了「人口論」，認為人口是一，二，四，八，十六，三十二，六十四的等比級數繁衍的，而食糧則是按一，二，三，四，五，六，七的等差級數增加的，故人口的增加速率遠遠超過糧食增產的速率。

當「人口論」問世時（一七八九），全世界人口估計不過十億，但到一八七〇年，人口增加到三十五億，到了二〇〇七年，全球人口已增加到六十六億，看看這增長數字，多麼驚人。

人口過多，在中國近代就已呈現嚴重的問題，中國號稱以農立國，但到清末民初，即須仰賴進口米麥以供需民間糧食的不足。因為食品缺乏，大多數的人民營養不良，身體健康較差，易生疾病，遂致觸目可見「東亞病夫」的現象。因此在四五十年代以前，世界奧運會上也就看不到中國的運動員表演身手。

我少年時親眼看到家鄉許多家庭人口增多造成的艱辛。有一家三個兒子成家，各生有幾個小孩，於是按照習俗分家，但無力增建房屋，遂在原有不大的老屋中，分隔成三家，每家的空間非常窄小。在種植的農地方面，原來只有五畝，今則分成四份，一份留給父母，另外三份給每個兒子各得一份，這樣分得的一份小小的農地種植產量，怎能供應每個兒子一家的糧食，維持最低限度的生活。

前舉的例子還不算最差的，另有一家農戶有七子一女，情形更糟，父母歷盡艱辛，好不容易將這八個小孩撫養長大，但是怎樣為每個兒子納聘娶婦，為女兒妝奩出嫁，怎樣解決食糧和住屋問題。這一連串面臨的艱苦困境，教一個貧乏的農戶如何解決啊？

中國先秦諸子如墨翟、韓非、孟子等，已注意到人口增加遠比生活資料增加迅速造成社會貧困的問題，但所談內容還不夠具體，直到清乾隆時學者洪亮吉（一七四六—一八〇九）提出人口過多是造成貧困動亂的關鍵因素，才算是認識到問題的核心所在。他說：「如按每戶一人生三子計算，第二代由一人變成四人，父子四人連各自的配偶合計為八人，三子各生三孫，第三代合計成為十七人，連孫的配偶三代合計成二十六人」，按此方式推算，他得出戶口每三十年增加五倍，六十年十倍，百餘年二十倍、、、這樣的快速增長率，令人憂心。洪亮吉的上述分析，與西方馬爾薩斯的人口按幾何級數增加的說法相似。

人口急速增加，土地面積無法增加，生活資料亦不易增多，如此必然會造成社會的貧困，人類的不幸。今日台灣人口密度為世界第二，（孟加拉第一），自不能不注意人口問題。如果人口過多，我們沒有適當的生存空間和資源，也就無法享有良好的生活品質。因此我們要節制生育，使人口具有充足的生活條件，人人都活得健康，活得快樂，活得有價值，因此舉世必須注意解決人口增多的問題。

二〇〇八、一、八

中國從艱困到自強之路

天朝大國的沒落

中國在一八四〇年以前還以天朝大國自居，四邊的國家都會向中國朝貢，他們派來的使節晉見皇帝還要照中國儀式，行跪拜之禮。「萬國衣冠拜冕旒」實足表現中國隆盛的氣象。殊知到了一八四〇年對英鴉片戰爭失敗，遭受割地賠款等屈辱事件，國人始知外國的船堅砲利，難以匹敵，乃有師夷長技的覺悟思想。其後發生英法聯軍挑釁，中日甲午戰爭、八國聯軍進犯等交兵烽火，中國皆遭到慘敗。於是有識之士覺悟外國科技進步、軍隊精良，實非我國能及，由是興起變法圖強運動，以期達到挽救危亡、振興國家的目的。

「海國圖志」與「勝世危言」

林則徐是經歷鴉片戰爭的欽差大臣，他認識外國的武器進步，必須借鑑西方的長處，他將在廣東蒐集關於外國的各方面資料，交給素已經世致用著稱的學者魏源（1794-1857）研究，魏源將這些資料，編纂成「海國圖志」一書，此書提供了世界史地知識，主張「師夷長技以制夷」，講求如何充實戰備抗禦外侮的方略，這是啟發自強運動的濫觴。

比魏源稍晚的鄭觀應（1842-1922）曾參加李鴻章的洋務工作，對西方有較深瞭解，他著有「盛世危言」提出學習西方變法圖強的構想，指出中國已面臨數千年未有的變局，必須學習西方槍砲戰艦、科學技術、商務製造、語言文字等富強之術。他認識到政治革新的重要，主張「君主立憲」設立議院等民主措施，是變法自強的根本途徑。早先政治敏感的大臣曾國藩、李鴻章等，因與太平天國戰爭，他們的軍隊在上海等地得到外人洋槍隊合作獲勝的經驗，知道外國砲艦武器的威力，我國科技落後，決難抵禦外侮，提出「師夷智以造炮製船」。曾國藩於一八六五年在上海建立了江南製造局，製造槍砲及船舶；左宗棠於一八六六年設立福州船政局，李鴻章於一八六七年開設金陵機器，製造局等，凡此皆是自強運動初期的重要創舉。

清政府經曾李等大臣建議，開設近代軍工產業，修築鐵路，設辦郵電，訓練新軍，興辦洋務學堂，翻譯西方書籍等新政。其中翻譯著名的嚴復，他於福州船政學堂畢業，留學英國，接觸西方文化，致力翻譯赫胥黎的「天演論」，以「物競天擇，適者生存」的進化論，促進了人民的覺醒，影響甚大。他又譯亞當斯密的「原富」，斯賓塞的「群學肆言」，約翰的「群己權界論」，穆勒的「名學」，法國孟德斯鳩的「法意」等重要著作，國人纔知西學的精微淵博，不只是船堅砲利而已。從此吾人對於西方的認識，進入到新的境界。

義和團事件引起八國聯軍的入侵，清廷已意識到國家的危機，昭示各省督撫就改革提出建議，注重經史實學銳意新政的湖廣總督張之洞（1837-1909）回應號召，他主張中學為體，西學為用，要復興儒學，通過教育和工業學習西方的科學和技能，來挽救中國。一八九八年，他發表了著名的「勸學篇」，要求國人五知，（1）知恥（2）知懼（3）知變（4）知要（5）知本，他本人即知即行，籌設織布場、鑄錢局、建築鐵路，獎勵農桑，開辦大冶鐵礦，萍鄉煤礦，選派留學生、設立譯書局等。他求治心切，努力實行改革，所惜掌權的慈禧太后，不願真心改革，致張的維新變法建議和舉措未能持續貫徹，成效不彰。

維新變法

一八九四（即甲午）年八月，日本派大軍進攻朝鮮，陷平壤，李鴻章的淮軍被打得落花流水。既而日軍進攻威海衛，中國的海軍又遭慘敗，海軍提督丁汝昌自殺。清廷被迫與日本簽定割地賠款的海關條約，國人十分悲憤，有志的士大夫，始知非革新政治無法圖存，德宗也覺得外患日亟，必須變法自強才行。

當此國家多難之秋，廣東南海的傑出人物康有為適於一八七五年在北京參加會試，眼見中日戰爭的失敗義憤填膺，他和門生梁啟超共同擬寫了一份萬言請願書，並集結了三百六十名舉人，抗議與日本簽定和約，此即有名的公車上書，但為都察院拒絕呈給皇帝。康於是回南方創辦報紙，推動改革，復再上書皇上，建議富國養民，育士和練兵，德宗閱書深為感動。其後康又上書，多達八次，終於得到德宗會見，並對其所提意見予以肯定。是年下詔定國是，許康有為、楊銳、林旭、劉光第、譚嗣同等參與新政。此後百日中，廢八股、開學堂、改兵制、汰冗員、廣言路、立礦務、鐵路、工商農等局諸端，先後倡辦，但為保守的大多守舊官員所抵制，難以有效實施。

當時掌握實權的慈禧太后，感到變法是奪取她手中權力的策略，不能容忍，乃重新執政，將德宗拘押於中南海瀛台，補殺新黨，罷免同情變法的內外官吏。於是只有百日的維新變法，戛然而止。康有為得到英國的援救，流亡海外。

國父孫中山與國民黨政權

維新的保皇黨失敗，革命的國民黨起來，孫中山先生目擊中法戰後，滿清政府腐敗不改，遂立志推翻滿清，組織革命團體提倡三民主義，經過十次革命，終於將清政府推倒，建立中華民國。為促使早日完成統一，辭去臨時大總統之職，由國會選舉袁世凱為總統。殊不知袁氏於民國四年圖謀稱帝，引起各方反對，袁氏終於取消帝制，不久憤恚發病而死，由黎元洪繼任總統。其後政局屢更，軍閥互戰，因而國家未能安定發展。

民國十四年孫中山先生在北京逝世，是年七月國民黨在廣州成立國民政府，十五年七月蔣中正為國民革命軍總司令，領軍北伐，十六年底統一全國。但不久因編遣軍隊糾紛，內部分裂，激起中原大戰，雙方死傷二十多萬。及戰事結束，次（二十）年日本發動九一八事變，侵略東北，邊境遭受威脅，而共產黨於二十年開始在江西成立蘇維埃政權，國軍經歷四年間五次圍剿，逼得共軍竄奔延安，繼續與國民黨對峙奮鬥。

二十六年七月七日，日本在蘆溝橋藉機點起戰火，接著大舉入侵，引起中國全面抗戰，戰事持續八年，人民飽受戰火摧殘，流離失所，軍民傷亡數千萬。直到三十四年八月抗戰勝利，全國民眾歡欣鼓舞，期望可以從此休養生息，致力圖強。誰知國共兩黨和談破裂，內戰又起，經過三年多的戰火硝煙，國民黨政府在大陸全面潰敗，祇撤出數十萬部隊轉到台灣，固守整頓。致力改革，期圖復興。

國民黨在大陸執政二十年間，原有依照孫中山先生所著建國方略、建國大綱、三民主義等遺教實施計劃，然因外患內亂頻仍，沒有相當的安定歲月從事建設。但儘管如此，交通方面完成鐵路約兩萬公里，公路已達十二萬八千餘公里，大中小學校數和人數都增加不少，自一九四九年退到台灣以後，勵政圖志，一九七三年，開始十大建設，至一九七九年竣工，經濟持續成長，成為亞洲四小龍之一。

中共五、六十年代的暴風驟雨

中共政權自一九四九年七月一日成立，大陸初期（1949-1957）政權穩定，工農業生產總值有了頗多的增長，但自一九五七年後，開始左傾冒進的反右派運動，擴大階級鬥爭，以致社會陷於紛擾不幸的局面，生產力為之下降。接著一九六六年五月到一九七六年十月的文化大革命，掀起不停的鬥爭暴行，導致工農業生產倒退，教育系統癱瘓，使整個國家社會遭受嚴重的損失。民眾陷於混亂和崩潰的邊緣。

一九七六年九月毛澤東去世，四人幫被捕，文化大革命結束。不久，鄧小平復起為領導人，推行改革開放，實現四個現代化（即工業、農業、國防、科技現代化），經濟大為好轉。一九八七年，國民生產總值和人民平均收入都翻了一番，從而增加開放的信心，經濟每年平均以百分之十的速度增長，鄧小平想使中國達到小康的目標，想不到竟然不到二十年已經超過哩！

中國站起來了

錢偉長是研究航空航天工作及火箭導彈的力學專家，他於一九四六年五月回國，創立中國航天航空軍工事業。

一九四八年在法國巴黎大學鐳學研究所居里實驗室獲得輝煌成就的錢三強回國，並在北平研究院物理研究籌建原子能研究所，一九五五年，在美國的火箭專家錢學森回國領導中國的火箭導彈及航天計劃，被譽為中國飛彈之父，中國科學界有此三傑和其他科學家的共同努力，科技有了很大的發展。一九六〇年十一月，「東風一號」近程導彈發射成功，一九六四年十月十八日試爆第一顆原子彈成功，一九六七年六月試爆第一顆氫彈成功，一九七〇年中共發射第一顆人造衛星「東方紅」第一號成功，因此兩彈一星的計畫全部實現，其後繼續進步發展，並把太空人送上月球等卓越成就，讓全球矚目。

在體育方面，中國不斷努力推廣體育，二〇〇四年雅典奧運得到三十三面金牌（僅次於美國的三十五金），舉世刮目相看，二〇〇八北京奧運，大陸獲得五十一面金牌，第一次成為奧運霸主（比美國的三十六金多十五面），使全球震驚，各國媒體形容中國的成功奧運，是東亞的主人回來了，奧運的成就，標幟著中國的偉大復興。

二〇〇九年十月一日中共建國六十週年閱兵大典，軍隊展示中遠程戰略核導彈、空中雷達預警機及空中加油機等五十二種自製武器，構成現代強有力的嚇阻武力，使西方人瞭解中國受帝國主義的壓迫屈辱已經結束，今後不再受外國人欺侮，中國有能力保護自己，並有實力維護世界的和平。

在經濟方面：中國自改革開放以來，經濟的發展十分亮眼，GDP 以年平均百分之十的速率成長，二〇〇九年 GDP 首度超越日本居世界第二，貿易總額增加廿三倍居世界第三（明年將超越日本為世界第二）出口總值一兆二千億美元，為世界第一大出口國，外匯存底二兆二千億，世界第一，鋼鐵產量冠於全球。

二〇〇九年四月二日，G20（十九國元首加歐盟輪值主席）高峰會，中國是所有重要經濟體中唯一高成長率的國家，許多媒體說 G20 高峰會其實是 G2 美國與中國的高峰會，由此可見中國國際地位的躍升。

中國自一八四〇年以來，被列強侵凌屈辱，歷經愛國的志士賢哲們的領導，艱辛奮鬥終於脫出困境，和平崛起，走上自立自強之路，今後全國同胞要堅強團結努力，共同建立富強稱雄天下歸心的大國。

婚姻與今生今世

「窈窕淑女，君子好逑」詩經

九十六年八月二十四日聯合報載，「受過高等教育的女性，比相同教育程度的男性更不容易結婚，三十五歲以上大學程度，女性未婚率遠高於男性，且近年未婚率年年提升」，這一報導暴露現代男女迥異往昔的情況。以前男大當婚，女大當嫁，是社會家族發展延續的必經過程，很難想像當今女子嫁不出去，男子娶不到妻子的困窘現象。

婚姻是家庭的造端，故男女雙方對嫁娶都看成頭等大事，禮記：婚姻者，合二姓之好，上以事宗廟，下以續後世，不但要傳宗接代，也是要成為聯結兩個家族的紐帶。從前的婚姻一般由媒妁介紹，父母決定，經過問名、納吉、納采、納徵、請期、親迎等程序儀式，才能結婚，成為合法的夫妻。

婚姻在舊日社會十分重視，經濟較好的家庭，男孩長到八九歲，就有人來提親了。媒人作媒是好的差使，當發現有可以撮合的對象，就到女方去說合，女方父母認為對象合適都會同意，就將女孩八字（誕生的年月日時辰）交給媒人，媒人用紅帖子裝好送給男方，並說明女方的家庭情形。男方便將紅帖子放在灶神前數天，檢驗是否平安，其間有的會到神廟中求籤擲筊，探求是否吉利，有的去找算命先生推算八字是否和諧，如果前述都沒有問題，就可進行納吉訂婚了。至於女孩本身的條件，一般卻很少去注意，這實在存有很大的偏失的。推究會有這樣的情形，原因舊時習俗女方只重男方的家產多少，男方只重女方的嫁妝多少，男孩的資質，女孩的品貌，反倒很少顧及。因舊日社會的經濟困乏，一般大眾的知識落後，雙方只考慮到傳宗接代的問題，還沒有達到認知男女雙方才貌條件的重要性。那時的社會文化，憑媒說合的婚姻，一般的都能將就對方，大體上很少發生問題，但自然不免有意外的事件出現。茲舉例如下：

（一）鄰村有家富戶，他的兒子已長到十一歲了，但傻裡傻氣，笨拙異常，富戶的家長人際寬廣，託媒人物色對象，適有一相隔十里之遙的殷實之家有個年歲相當的女孩，聰明伶俐，媒人遂去說合。女方風聞對方雖然富有，男孩有些癡呆，雖經媒人力辯是有人惡意中傷造謠，不是事實，女方父母總是疑團難釋，最後要求前往親自看看男孩後再說。於是媒人往返溝通，約定見面時間。當媒人陪女方家長到該村的小學操場，其時正值課外活動，媒人指著那個眉清目秀活潑伶俐的小孩說，就是這位哪！女方家長去問那小孩幾句話，小孩答得很有條理，語音清晰，態度安詳，心理當下就歡喜，於是高興的回家，決定答允與對方訂婚。

後來雙方孩子長大結婚，婚後新娘很快就發覺丈夫木頭木腦，獃裡獃氣，才知當初他父親前去探問的男孩是另一位聰明的小孩頂替的，不是她現在的傻瓜丈夫。

（二）有一家殷實農戶，育有一子十二歲，聰明和順，媒人介紹某村一戶同齡的女孩，說相貌不差，足堪相配，經過求籤問卜皆合，遂行文定。直到婚後，才發現新婦臉有痲子，脖子上有一道瘤疤，很不雅觀，兒子和家人都有苦難言。幸好當時農村風俗淳樸，沒有鬧出很大的風波來。

如今媒妁之言，父母之命的婚姻已經過去，青年男女大多想憑自己的意願戀愛結婚，但人海茫茫，怎能找到理想的配偶呢？這是適婚年齡男女必須面對的問題。

青年男女在成長過程彼此相識的時機，大概有下列幾種：

（一）**鄰里**：往昔鄉里屋宇比鄰，門戶相望，小兒女從小便在一塊長大，青梅竹馬，耳鬢廝磨，情感漸漸的滋長，終於結成終身的伴侶。然是這樣青春歲月發育的愛情，隨著社會工商業的進步發展而不易出現，人們為工作事業流動增多，而所住的公寓、大廈，都成各自的天地，往來很少，過去小孩在村莊院落遊戲玩樂的景象，已一去不復返了。

（二）**同學**：男女同學時期，是彼此認識的最好時機，常見校園中感情要好的同學，做功課在一起，餐飲在一起，外出在一起，娛樂在一起，過著形影不離的生活，羨煞多少別人的眼光。但是一旦畢業離校，（男的要服兵役一段歲月，生活受到拘限），此後男女同學有的要出國深造，有的要讀國內研究所，有的要就業奮鬥，在這時空變動不拘的年月裡，同學還始終繼續保持愛情長跑，經得起考驗的，總是少數。

（三）**同事**：在同一機關或公司服務的同事，彼此自有認識的機會，可是在工作崗位上兢兢業業，忙碌不停，男士難得有多餘時間去向女性職員大獻殷勤，何況每個女職員身旁，不是上司，就是同僚，如果不是去洽談公事而去嘀嘀咕咕，不僅那女職員尷尬羞澀，有意閃避，便是有關的上司同僚看不順眼噓聲干涉。兔子不吃窩邊草，你只好避嫌畏謗，轉到別處去另起爐灶了。

前述青年男女是在一定的較長時空環境裡相識，但此外不定的較短的時間地點彼此相識的機會場合自然不少，玆舉下列幾種：

（一）宴會：參加宴會，男女大多穿著整齊的服裝，儘量表現幽雅的風度，觥籌交錯之間，彼此有機會交談，認識對方，如果有意，便可交換通訊處、電話號碼，以便進一步聯絡發展。

（二）舞會：西方人有家庭舞會，有意使男女認識交往。至於參加夜總會、一般舞廳跳舞，自有機會結識各方的男女對象。只是我們的社會，很少有家庭舞會，夜總會等舞廳費用不低，一般青年也很少參加，因此青年男女由舞會認識因而交往的不多。

（三）娛樂場合：參加音樂會、演唱會等節目亦是男女彼此相識的機會，如果不是有出色的才藝，引人傾慕，有意攀交，恐怕不易搭起感情的橋樑。

（四）旅遊團體：近來旅遊觀光的風氣甚盛，參加旅遊團體，欣賞山水名勝古蹟，觸發共同話題，亦是增進彼此認識的機會。

（五）讀書會、座談會、休閒娛樂等活動：彼此談論共同興趣的話題，參加各種活動等，自然有機會相互認識。

前述的各種場合都有相識的機會，如果彼此都有開放的心態，熱情親切，主動積極，和人交往，自然會產生友誼的。

青年男女，相互認識，建立普通的友誼，就得靠各種機緣，若要進一步交往，便有不少的困難，需要排除，男女兩人首先得有欣賞彼此的心理，要有進一步交往的意願。縱然如此，仍還有許多問題存在，我國的習俗比較保守，男士遇見喜愛的小姐，大多不敢鼓起勇氣追求，女士也很少大方和初識男士周旋暢談，因此男士不知要化費多少精神，才能夠與女士約會晤敘。漢時卓王孫之女文君從戶窺相如弄琴，心悅好之，夜奔相如，成為配偶。隋代紅拂慧眼識英雄李靖，夜晚私自投奔，願托終身。今朝的女士們不要停在矜持被動的門檻，也應主動的找欣賞的男士交往，順利走上地毯那一端。

我們的保守社會，對青年男女的交往，存有若干碍難的因素，一般的社會教育、學校教育，都沒有教導培養青春男女交往的技能。男士遇到喜愛的女性，大多沒有勇氣大大方方去追求，如有足夠的膽識勇氣求愛，往往被認為輕浮蕩子，甚或扣以「性騷擾」惡名，遭受批判，稍一不慎，且有吃上官司的可能。有位少將之女就讀政大，她的男同學對她十分傾心，特地到她的家中探訪，不料卻被這位少將父親嚴詞斥責，並打電話到政大訓導處詰問，要求以後不可讓男同學到他家裡。由此可知我們的社會仍然遺留舊日門第的觀念，阻碍男女的交往。菲律賓的男女社交充分自由，當男士遇到美麗動心的小姐，可以追蹤到小姐家中拜訪，女方家長放心讓女兒和對方自由交談，不加干預。美國青年男女，在初高中時就開始熱衷愛情，女生進了大學，就想盡方法找對象上鈎穩住，鞏固感情的根苗，為結婚奠基。

自由戀愛是一般青年的理想，男女遇到合適的對象，經過相當時日的交往，互相瞭解，建立深厚的感情，走上結婚之路，這當然是理想的婚姻。照理說：這種婚姻應該天長地久，百年偕老，然是事實上，戀愛達成的婚姻，發生離婚的不少，其故何在?因人在戀愛期中，彼此儘量取悅對方，博取好感，隱藏自己的缺點。及至婚後，本性就自然浮現，彼此不滿對方之處越來越多，於是婚姻遂亮起紅燈，往往會不可收拾，走上離婚之路了。戀愛結婚不是一勞永逸的定律，其理至明。當今憑媒妁說合的方式已經過時，新的自由戀愛方式也未能普遍修成正果，其中問題值得深思。現代教育普及，男女的知識程度提高，因而擇偶考慮的條件越來越高。許多人已近中年，仍然不肯放棄理想的尺度，放寬對象的條件，總是看這個不夠帥，那個不夠美，將自己鎖在虛擬的夢中情人天地裡，任花樣的年華蹉跎過去，度著單身隻影的寂寞生涯。

適婚年齡的青年男女，不易找到對象的日益增多，於是徵婚啟事、個人網路及「相親」因應時代的需要興起。電視「我愛紅娘」、「速配男女」等節目連續播出，婦女會等舉辦「男女聯誼」，社會專業的婚友介紹，有心善士撮合男女的義務媒介等各處出現。這些相親比舊時的媒妁進步，不像往昔媒妁牽合無法看到對方的真面目，今則約定在適當的場合聚會，不但可以認識彼此的相貌，還可藉由交談了解對方的學識，如果雙方有意談得投機，交往繼續下去，漸漸培養情感的成熟，水到渠成的走上婚姻之路。在這樣多元的相親方式，男女的選擇方面廣，接觸的對象多，「天涯何處無芳草」，有心尋求伴侶者，相信必可組成家庭的一天。

一個人單身生活，縱然年輕時投身工作崗位，有錢有閒可以隨心所欲，逍遙自在，但是離群索居，侷處一室，欲語無人，而且無法排遣獨處的空虛，免不了孤單寂寞。尤其到了晚年，沒有伴侶，沒有子女，健康如有問題，乏人照顧，無依無靠，成為孤苦伶仃的獨居老人，多麼淒涼。因此青年男女，不能猶豫等待，必須主動積極的把握機會，結識理想的對象，彼此相悅，願結同心，有情人成為眷屬，共同營造甜蜜的家庭，度著鶼鶼比翼的生活，享受幸福的日子。因此今生今世，怎能沒有婚姻！

探賞那些愛情超凡的伉儷

婚姻是男女結為夫妻，組成家庭，延續後代生命的重大功能，是共同生活的基礎，人倫的開端，所以從古至今都認為這是家庭十分重要的任務。我國傳統上是由媒妁介紹，父母之命結婚的，女子要負三從四德、相夫教子的責任。男人必須為生活工作，承擔養家的任務。

傳統社會，以農為主，男耕女織，一般婚姻都相當穩定，夫妻廝守終身，白頭偕老的。但是世事無常，即使古時男子為中心的社會，也有兇悍的潑婦跋扈，欺壓丈夫的事件出現。茲舉幾個例子如下：

1. 東漢馮衍（字敬通），妻子任氏十分悍忌，不准她丈夫僱女傭幫理家事，馮衍只得自己來汲水、舂米。他這樣委曲求全，晚年還被悍妻逐出家門。

2. 南朝劉孝標，好學安貧，著有辨命論，廣絕交論及注世說新語，是淵博的學者。他的夫人非常兇悍，使孝標生活坎坷，沒有家庭的歡樂。

3.清代汪中，文章宏麗典雅，自成一家，他受女方欺騙結婚，婚後其妻孫氏不做家事，像個公主，由他的母親，承擔家庭的操作，最後終於離婚。

上述這些例子，自然不足為訓。我國傳統社會十分注重禮教，因此賢妻良母的婦女自然不少，但許多由媒妁及父母意旨結為夫妻的，故涉及愛情的甚少。茲從往昔史文中篩選若干經由愛情結合的夫婦佳偶，提供人們婚姻的模式借鏡。

一、卓文君與司馬相如　聽琴結緣

漢朝富豪卓王孫之女，年輕新寡，當她聽到她家的賓客司馬相如在堂上彈琴，聽出那琴聲中有求偶的情意，渴望女性的垂顧。文君孤寂的芳心中，立時如潮洶湧，想著此際如不去把握這樣富有才情的男士，不知何時才能脫離寂寞的生活，於是就決心在夜色朦朧中到那旅館去見司馬相如。司馬大喜，原來他彈琴的弦外之意，就是要挑起文君對他的愛慕，達到他和她牽手的意願。如今文君果然來了，正中心懷，兩人遂跋涉長途到他的家鄉成都共築愛巢，歡度甜蜜的生活。相如家窮，今後的生活費，沒有財源是不行的，於是他倆商定，賣去車騎，回到文君的老家臨邛，買了酒舍營業賺錢。文君當起老闆娘，招引顧客，相如穿著犢鼻褲像店夥一樣，在門口洗滌器物。

富豪卓王孫聞知女兒女婿這樣的情狀，感到羞恥難堪，杜門不出。親友勸他，女婿相如有才，目前雖貧，將來定有前途，何苦要對他倆不聞不問。卓王孫不得已，遂與文君傭僕一百多人，錢財百萬及很多嫁妝器物。文君與相如回到成都買房子買田地，立即成為富戶，過著幸福的日子。

後相如官拜中郎將，持節過蜀，太守以下都到郊外迎接，蜀人都感到光榮。卓王孫及臨邛諸公，皆設盛宴交歡，此時卓王孫不禁嘆息說，如果知道有這樣的風光日子，應當更早將女兒嫁給他才是哩！

二、劉令嫻與徐悱　兩情繾綣

劉令嫻是南北朝時梁代的世族出身，他家劉孝綽兄弟及子姪七十人，都擅長詩文，令嫻是孝綽三個妹妹中的小妹，姊妹皆有才學，令嫻特別出色，與官宦世家的徐悱（敬業）結婚。

徐棑學識廣博，擅長辯才，出語如江河湧瀉，群眾驚服。他雖是世家子弟，但沒有驕矜習氣，他倆是俊男美女，才學相當，作伴研讀詩書，討論切磋，並作詩文互賞，得享靈犀相通的樂趣。

敬業後來在外任官，與令嫻聚少離多，當他倆不在一起時，互相思念不已，於是在書信中傳達心聲，敬業有詩云：「豈忘離憂者，向隅心獨傷，聊因一書札，以代九回腸。」對妻子流露深愛的情思。令嫻接到他的詩，大為感動，亦寫詩作答，有句云：「調瑟本要歡，新愁不成趣，欲知憂怨多，春閨深且暮。」表達她朝朝思念夫君的心態。

他倆互相傾慕，令嫻容貌秀美，不論淡妝濃抹，都是敬業心中的美人。而令嫻對夫君的才華，十分欣賞，因此倆人的愛情越來越濃。

「月有陰晴圓缺，人有悲歡離合」，敬業不幸任晉安內使時去世，當靈柩送返時，令嫻傷心極了，忙自撰祭文，說他「明經擢秀，光朝振野，調逸許中，聲高洛下……」贊美他的才學，接著又說：「一見無期，百身何贖……生死雖殊，情親猶一。」雖然在人間世無法相見，而夫婦親情還是和以前一樣。此文淒婉感人。敬業的父親能文，看到媳婦這樣摯情的祭文，乃擱筆不寫。此文留傳後世，讓後人讀了，感動不已。

三、李清照與趙明誠　詩文金石

李清照是宋代著名的女詩人，嫁予宰相趙挺之的公子明誠，明誠好學，雅愛詩文，每次飯後，兩人共在堂屋中討論詩書，稱心快意。清照的詞不論意境、風格，都是出類拔萃的。她有次作了「重陽醉花陰」詞函送趙明誠，明誠想與她較勝，窮三日夜寫成五十餘闋，混在易安的詞中，給他的友人陸德夫評閱。德夫細加玩誦說，有三句絕佳，明誠請他說明，他道：「莫道不銷魂，簾捲西風，人比黃花瘦」這正是清照作的詞句，可見德夫是評鑑高手。

明誠愛好書畫金石，他任官青萊二州時，便將其薪俸所得，購買古今名人書畫、三代奇器，兩人共同賞鑑摩玩這些珍品，累積日多。建炎丁未（1127）春，明誠守湖州，時金兵南侵，物多不能盡載而走，乃丟棄書之大本、畫之多幅、古器之無款識者等，至建康。李清照之青州（今山東益督縣），故宅書籍什物十餘間，金人侵入，皆為煨燼。後明誠被調職，遂駐家池陽，旋明誠奉召告別，清照問曰：「如有急難，輜重古物如何處理？」答曰：「必不得已，先去輜重，次衣被，次書冊卷軸，次古器，獨所謂宗器者可自負抱，與身俱存亡，勿忘也！」是年八月十八日，明誠病重，取筆作詩，絕筆而終。冬十二月，金人陷洪州（今江西南昌）其書卷二萬卷，金石刻二千卷，器皿茵褥等物，遂都委棄，獨餘輕少卷軸，書帖寫本，李、杜、韓集及唐石刻副本數十軸，三代鼎鼐十數本等留存。

後慮金兵的動向難測，乃攜前述的卷軸、寫本、石刻及李白、杜甫、韓愈等集到台州、嵊縣、建德、黃岩、溫州，後至紹興、衢州、杭州。因奔走各地，所餘之物，十去其八，她不禁嘆息多麼艱辛得來的珍貴物件，會這樣在輾轉流徙中丟失。她一生憂患得失，挫折連連，心中的傷痛，可以想見。最後她轉到金華依她的弟迒定居，度其晚年的孤淒生活。

她寫的武陵春詞：「風住塵香花已盡，日晚倦梳頭，物是人非事事休，欲語淚先流，聞說雙溪春尚好，也擬泛輕舟，只恐雙溪蚱蜢舟，載不動許多愁。」這詞語辛酸淒委，想必是李清照喪夫後，輾轉流亡各地，所攜珍貴之物丟失殆盡的悲苦寫照。

四、管道昇與趙孟頫　多才多藝

管道昇是齊國賢相管仲後裔，工於詩詞，又善書畫，多才多藝。她天性豪爽，眼界很高，對婚姻對象，選擇尤嚴，直到二十八歲，才與宋室後裔的趙孟頫結婚。

趙孟頫字子昂，湖州人，宋太祖子秦王德芳之後，孟頫幼時聰敏，讀書過目不忘，作文落筆很快。宋亡於元，孟頫無心仕途，努力讀書自勉。元世祖為招攬人心，訪求遺逸，命御史程鉅夫往召孟頫至京。孟頫神采煥發，才華傑出，世祖甚為喜愛，授他為兵部郎中，後遷濟南路總管府事。孟頫詩文清真奇逸，流轉圓潤，有聲於時，書畫冠絕群倫，享譽生前，傳至後世。

管道昇與趙孟頫兩人都是多才多藝，兩人談詩論畫，切磋藝術的意境，成為靈犀相通的知己。

仁宗時，孟頫升為集賢侍講學士，中奉大夫，道昇亦封吳興郡夫人，夫妻倆同時榮封，雙喜臨門。孟頫的地位越來越高，朝中同事，有的有妻還娶妾，他也有了納妾的念頭。道昇絕不同意他可以置妾，她為此作了一首詞，表示她倆是分不開的。詞的內容如下：

「你儂我儂，忒煞情多，情多處，熱如火，把一塊泥，捻一個你，塑一個我，將咱兩個一齊打破，用水調和，再捏一個你，再塑一個我，我泥中有你，你泥中有我，與你生同一個衾，死同一個槨。」

孟頫看了道昇這首感人的詞，立即打消了置妾的念頭，此後他倆的婚姻一直到老，白頭如新，過著幸福的生活。

五、陳芸與沈三白　情深體貼

陳芸與沈復（字三白）的婚姻事蹟，是由沈三白自撰的「浮生六記」中的「閨房之樂」流露出來的。此書風行，兩人事跡，遂傳於世。陳芸資質聰慧，自修讀書，很有才思，能夠作詩。沈三白蘇州人，少時跟隨母親探親，得見舅舅的女兒（表姊陳芸）就十分喜愛，向她的母親表示，一定要取她為妻，其母亦愛她和順，約為婚姻。

兩人婚後十分恩愛，常終日相伴，討論詩書，激起共鳴，有時共賞皓月，看星斗閃爍，兩人偎依，心波相應，覺此身天上人間，靈犀互通，是最大的幸福。

三白與芸娘，胸懷淡泊，互信互諒，都喜親近自然，徜徉於山水之間。他倆遊滄浪亭，遊太湖，與友人遊蘇城南園等勝跡，認為得見天地美景，開拓胸懷，實為人生快事。

陳芸聰慧，善解人意，性情溫順，對長輩尊重，對幾位姑姑（婆婆義女）也相處融洽，親熱有如親姊妹。她對三白的朋友，落落大方，招待慇懃，因此獲得一致的讚譽。

陳芸愛美愛真，對三白的愛無微不至，而且超出一般人的想像。乾隆乙卯年秋，她在虎邱遇到一位憨園少女，貌美通文，惺惺相惜。陳芸和她一見如故，和她攜手登山，盡情欣賞美景，在餐館暢飲，在河上兩船停泊一起共話，明日再聚，焚香結盟，結為姐妹，牽她為夫君三白作姨太太鋪路。但後來憨園被一富豪娶走，使芸大受打擊，鬱鬱去世。

妻子怎會為丈夫找姨太太，一般認為陳芸的作法太癡太不理智的。然而如果仔細探索，其中另有隱情。因芸患血疾已久，常常頭眩怔忡，身體虛弱，心知無法和三白終老，她要物色一位才貌出眾的女人，為她一旦身亡的接棒人，因此才盡心費力結識憨園，誰知未能如願。她為夫君置妾的苦心，可以看出她愛三白至上的愛情，到了捨己利人的境界。

陳芸和三白伉儷的情深體貼，被人認為她是一個最可愛的女人。

我國自五四新文化運動以來，男女打破傳統禮教的束縛，大多自由戀愛結婚。檢視現代的男女婚嫁，雖然是相愛結婚，但婚後卻不如傳統的婚姻穩定。原因是兩人婚後，往往無法維持愛情的熱度，不願甘心為家去努力奮鬥；或者發現彼此的性情不合，缺點露餡；或者見異思遷，另找喜愛的對象，很快就分手離婚，因此現代離婚率節節升高，有心人為之歎息。但偉大的愛情經得起時間的考驗，仍然千古長存，茲從新文化運動以來，具有新思想的美滿姻緣，舉幾個例如下：

六、冰心與吳文藻　直諒姻緣

冰心在燕京大學時，就出版過詩集「繁星」和小說「超人」，可說是早慧的才女，一九二三年八月她和一批留美的學生，從上海起程赴美，在船上認識了清華學校留美的吳文藻。文藻問冰心，有沒有看過英美著名評論家對拜倫和雪萊的評論，冰心答說沒有，文藻勸她到美國後，多看一些課外書充實自己。冰心感到首次見面，他就這樣坦率地向她進言，於是將他作為一個諍友、畏友。

冰心在美國威爾斯利女子大學研究院就讀，常收到文藻寄來的有關文學的書，書上有文藻認為重要的部分用紅筆標出，冰心忙趕緊看完，寫信報告她的體會和心得，倆人互相激勵，感情相對的進展加深。其後冰心和梁實秋等演琵琶記，文藻在功課忙碌中，抽暇準時趕到劇院觀看，令冰心意外的高興，愛苗已漸漸滋長。

冰心在學不到九星期即患肺氣枝擴大，住進沙穰療養院療養，心中落寞淒楚。文藻首先到訪慰問，冰心有著「風雨故人來」的感動。她在住院中開始寫「寄小讀者」，將幼稚的歡笑，天真的眼淚寫給似曾相識的小朋友們，說出她的人生經歷和感受。

一九二五年夏天，冰心到綺色佳康乃爾大學補習法文，不料文藻也因考碩士需修第二外國語，也到該校補習法文，於是兩人每天在一起聽課，課餘一起遊玩，情感越來越好，終於文藻向冰心吐露，願和她終身相處。一九二八年冬，文藻得到哥倫比亞大學博士，到燕京大學任教。（冰心已早先回國在燕京教書）兩人於一九二九年六月結婚。

文藻是學者型風格，專心治學，熱心課務，家事則全交給冰心承擔。冰心也教書、寫作、又要擔任做妻子、母親和家庭主婦的角色，相當忙碌。他倆有各自的朋友，也有共同的朋友，後來因為他們常在冰心的家中聚會相識，也都成了共同的朋友。冰心的家永遠窗明几淨，一塵不染，朋友常來，洋溢著歡樂氣氛，是個理想的家庭。

七、沈從文與張兆和　情書眷屬

沈從文是個自學成功的著名作家，他在家鄉只讀過小學，十四歲就到部隊當兵，隨軍到處流轉的生活。他很好學，企圖心旺盛，在軍中學到不少知識。一九二三年到北京發展，一九二四年就在報刊上發表作品。他雖然正規教育不多，但有善於吸收的頭腦，不論在人生經驗上、書本上、朋友談話中，都可以找到創作的靈感，因此他的作品大量出世。胡適任中國公學校長，聘他任該校講師。校中有女生張兆和，秀麗活潑，沈一見鍾情，就開始寫信追求。張不予理睬，但沈鍥而不捨，繼續每天一封信寄去。張兆和有志出國，毫無戀愛之意，於是有一天抱著一百三十多封沈從文追求她的情書，到胡校長那裏去，請予制止。胡適是開通的，對她說：你歡喜他就給他回信，不喜歡他，不理他就是了。並誇沈從文有理想、肯努力寫作，將來很有前途。張只好默不作聲，將一大包信捧了回去。

一九三〇年五月沈從文到武漢大學任中文系講師，後轉青島大學任教。一九三二年暑假，沈從文專程到蘇州訪張兆和，得到張允和（張兆和二姐）的協助，並得到張的爸爸同意，沈與兆和順利的訂婚了，次年（1933）九月在北平結婚。

婚後，沈從文與張兆和感情融洽，充滿幸福，創作力更加旺盛。他接編大公報文藝副刊，擁有自己的創作園地，並與投契的同道及文藝青年接觸交往。他有了愛情和友誼，生活更為充實，思想更積極了。

一九三三年十一月他接到家鄉來信，母親病重，沈從文要回湖南老家，他與張兆和相約，在途中每天必發一兩次信，將所見所聞在信中表達出來，使兆和可以明瞭他旅程的情況。回程十二天，他又寫了約二十封沒有付郵的長信，加上前述途中寫四十多封的信，組成十二篇散文，稱為「湘行散記」。他把人物和風景交織在一起，寫出湘西社會淳樸的特色，和美化的生命。他寫鄉土背景的「邊城」小說，為他的代表作品。

抗戰爆發，沈從文隨他的機關遷到雲南工作。一九三八年，張兆和帶了兩個孩子和他的九妹岳萌千里迢迢到達昆明，沈從文意外高興，在青雲街東邊租了房子，供他一家人住。他家的客人很多，有教授、作家、更多是年輕學生，他們到他家隨便談天，喝茶，有時還留下吃飯，輕鬆愉快，簡直像自己的家一樣。

中共政權成立，沈從文被安排在歷史博物館工作，後來寫成「中國古代服飾研究」一書，這部巨著國內外學術界都予以高度評價。

一九八〇年十月沈從文夫婦獲准赴美探親、講學歷時三個多月。他在哥倫比亞、史坦福等十七所大學先後演講了二十多次，講題有「二十年代的中國新文學」「從新文學轉到歷史文物」「中國古代服飾研究」等項，是他一生經歷相關的工作心得。

沈從文張兆和夫婦相濡以沫，互相激勵，努力不懈。他倆大量的書信，創造愛情的橋樑，完成「天長地久」的姻緣。

八、巴金與蕭珊　純真的愛

巴金四川成都人，一九〇四年出生於地主之家，一九二三年隨三兄赴上海南京北京等地讀書，一九二七年去法國求學，一九三一年當巴金完成第一部長篇「家」及中篇「新生」等作品後，震撼了一代青年。追求巴金的女性不少，但十九歲的女孩蕭珊寫給他的信最多，後來請求見面，兩人相見後，蕭珊感到巴金還這麼年輕，巴金看蕭珊是這樣純真熱情的少女，彼此一見如故，輕鬆的交談起來。從此開始長達八年的戀愛，完成婚姻的美夢。

抗戰後期，生活十分艱苦，在這困難的歲月裡，巴金的同事們各奔前程，蕭珊總在巴金的身邊說：「不要難過，我不會離開你，我一定會在你的身邊」當時蕭珊在西南聯大讀書，就放棄學業到巴金身邊幫他工作，度過那段困難的日子。一九四四年他倆在貴陽結婚，只發了一個通知，沒有辦過酒席，一個盛名的作家竟是這樣簡單的婚禮。

巴金在蕭珊全力支持下，不需要為家務分心，專心寫作。他先後完成愛情三部曲（霧、雨、電），激流三部曲（家、春、秋），抗戰三部曲；短篇神、鬼、人，及探索人生和人性的精美之作「憩園」與最見功力的壓卷之作「寒夜」等巨著，使他成為抒情的巨匠，他的夫人蕭珊自然也功不可沒。

巴金在中共反右運動幾年間靠邊站，受到許多折磨，蕭珊也同樣的受苦。文化大革命時，當蕭珊看到紅衛兵深夜闖進家裡，恐怕巴金被揪走，急忙到派出所請求救助，但沒有結果，卻被紅衛兵知道，用銅頭皮帶打她，傷痕好久才愈。當巴金受盡委屈，都向她盡情傾訴，她總說：要堅持下去，堅持就是勝利。

四人幫橫行之時，同事們將她當作反動份子家屬的箭靶，勒令靠邊勞動，罰她掃街，辛苦得筋疲力盡，還要認罪檢查，遭到人們的冷嘲熱罵，種種痛苦蠶食著她的身心，不到兩個月就病倒了。因她被目為反動家屬，得不到住進醫院治療，直到最後經人協助住院，癌細胞已經擴散，無法救治身亡。

蕭珊臨終前，還一直念著巴金的名字，巴金說：「她是我生命的一部分。」他對蕭珊一往情深，蕭珊逝世，他至感傷心，連寫了三篇悼文。他倆間的感情彌堅，巴金要爭取多活，為國家社會工作到最後一息，才不會辜負蕭珊的期待。他要將死後的骨灰，和蕭珊的骨灰攪和在一起，永不分離。

九、廖靜文與徐悲鴻　忘年愛侶

抗戰期間廖靜文高中畢業，從湖南到廣西去考大學，但她搭乘的火車，遭到敵人的飛機轟炸，在途中停擱，因而她到了桂林，大學的考期已過，廖靜文只好在桂林找工作謀生，將來再考。這段時日，她看到大畫家徐悲鴻主持的中國美術學院招募圖書管理員，靜文遂前去應徵。她初見徐悲鴻有些緊張害怕，經過一陣面談，感到徐悲鴻慈和親切，便放膽說出內心的想法。她願意在這裡一邊工作，一邊讀書，徐悲鴻同意她的要求，從此廖靜文就在徐的身邊服務。

廖靜文為人熱情，肯幹實幹，她工作餘暇，常自動幫忙徐處理一些生活上的事務，因此對徐的經歷情況相當瞭解。徐悲鴻習美術曾留學法國深造，他在繪畫上主張師法中國畫傳統的優點，改進它的缺失。對於西方美術，學習其先進技巧，並融入我們的繪畫之中。徐本人擅長中國畫，精素描，人物造型，注重寫實，傳達神情。尤其他的畫馬，姿態生動，名冠當代，馳譽中外，因此廖對他十分崇敬。

徐悲鴻此時和妻子蔣碧薇分居已有八九年，一直過著獨居的生活。他雖然大部分時間放在繪畫和美術學院的事務上，而閒暇時常看窗外的景物沉思，心緒似有不寧的模樣，對此廖特別關心，漸漸地與徐的生活牽連起來。

一天晚上，她看到徐悲鴻在院子裡走來走去，便披件大衣下樓，關心的向他說：您好像很痛苦，這麼晚還不去睡，夜深天冷會受涼的，隨手把大衣披在徐的身上。

第二天廖靜文感冒發燒，徐悲鴻明白廖的感冒是昨夜她的大衣給自己穿著受涼的，於是以後幾天，他都到廖的床前探望。而廖病中，每天巴望著徐來看她。一天晚上，天都黑了，廖還看不到徐悲鴻進來，開始哭起來，適值徐在這時進來，看廖哭得傷心，為之大驚。廖靜文鼓起勇氣說：我哭是你今天到這時還沒有來！她坦率的說出真情，倆人的心府，靈光交集，便立即串在一起了。

徐悲鴻感到廖靜文的真心愛他，於是決心和分居已久的蔣碧薇辦妥離婚，為了籌措蔣要求的鉅款和很多畫作，於是拼力工作，辛勞過度，一度染病垂危。廖靜文放棄大學的學業，對她的家人說：「徐悲鴻即使第二天就死掉，我也會守著他，永遠不會離開他！」這樣超凡的愛情決心，猶似穹蒼春雷，震撼了一代人心！

徐悲鴻的病，經廖靜文的細心照護，終於好轉，恢復工作。一九四六年兩人結婚了，婚後兩人十分恩愛，從來沒有吵過嘴紅過臉，生活十分幸福。

快樂的日子過了七年，一九五三年中秋前夕，徐悲鴻去參加全國文藝工作者代表大會，突發腦溢血去世。他的衣兜裡留下三塊糖，這是徐在宴會留下準備帶回給廖和兩個小孩吃的。

廖靜文當時還不滿三十歲，她開始一邊工作，一邊還不忘讀書，獨自扶養兩個小孩。她立志堅貞奮鬥，後來還寫成「徐悲鴻一生」的傳記，並任徐悲鴻紀念館館長。她的忘年之愛，可與明朝末年柳如是的事蹟，先後映輝。

十、新鳳霞與吳祖光　愛情奇跡

名小說家老舍介紹新鳳霞與吳祖光相識，吳是才華洋溢的劇作家，新鳳霞是觀眾傾倒的平劇明星，兩人互有好感，很快就熱戀起來。很多反對的聲音接著傳開，「新鳳霞連字都不認識，老舍怎麼會介紹他倆認識呢？兩人根本不相配！」

面對眾多的反對聲音，他們心意已決，誰反對都沒有用，倆人還是走在一起，向愛情的途上邁進。

一九五一年他倆終於結了婚，過著幸福的生活。吳祖光開始教新鳳霞認字、讀書、作畫。新鳳霞每天早晨起床後，為吳祖光洗牙刷、擠牙膏、做家務，生活中洋溢著歡樂的情調。

一九五七年反右運動，災難降臨到這對恩愛的夫妻身上，吳祖光被送到北大荒「改造」，備受三年的苦難；一九六六年文化大革命，吳祖光又被隔離審查五年，遭受無謂的折磨。這段十年的文革殘酷歲月，使新鳳霞身心受創，半身癱瘓。

文革結束，吳祖光返家，但新鳳霞癱瘓的殘障之身，不能重返舞台，吳祖光遂勉勵妻子說：「你寫文章吧，像你當年學文化，交作業那樣，想到甚麼，就寫什麼。」新鳳霞點頭答應，她一日復一日，一年復一年，竟寫出了二十九部作品，超過百萬多字，再次創造了人生奇跡。

終於苦盡甘來，過一段幸福的日子，就在那年春天，一九九八年新鳳霞突發腦溢血去世，吳祖光如墜入萬丈深淵，悲不自勝。他身體也變得越來越差，無法繼續創作下去。二〇〇三年四月九日，距離新鳳霞五週年忌日只差三天，吳祖光追隨他的愛妻往生了。

反右運動時，吳祖光被打成右派，她的上級領導勸新鳳霞和她的右派的丈夫離婚，但鳳霞絕不接受，一切威逼，利誘、軟的、硬的都置之度外。後來的十年文革，一片打、砸、搶的暴力橫行，她在各種威脅壓力下，沒有絲毫動搖、屈服。她對祖光特別關懷，當祖光與人談到文革時，怒責有關人員以前對他倆的迫害，她立即反對這樣責罵，怕會再惹禍上身，實在是替祖光擔心。

鳳霞與祖光的伉儷，可說是苦難共嘗，禍福相依，經過許多年的摧殘折磨，終於熬過劫難，轉禍為福，她倆的愛情，真是人間奇跡，世上少有。

男女彼此相愛，結為夫婦，共同生活，必須互相溝通，互相諒解，互相照顧，才能維持和諧的關係，才能天長地久，白頭偕老。如果想要有理想的婚姻，像前述的美滿伉儷，應該具有下列的條件。

（一）**愛情長庚：**夫婦之道相愛不變，夫妻的情感越久越深，越陳越醇。如兩人同床異夢，或另有對象，或財務紛爭；或自我膨脹，看輕對方；或疑神疑鬼，失去信任等因素，都會破壞夫妻的情感，造成家庭的分裂，實在愚不可及。夫妻的情感應當終身不變，老且益堅，愛情歲月，應比金婚更長，夫婦之道，主要是維護培養，努力達成美滿的婚姻。

（二）文化知音：夫婦兩人的文化相近，思想較易溝通，當他倆探訪自然風景，欣賞藝術作品，觀點接近，靈犀相通，精神上會有共鳴的樂趣。從來知己難得，夫妻如屬文化知音，那是一生的福氣。

（三）樂觀人生：仁者樂山，智者樂水，萬物都有生機，人為萬物之靈，更應感得天獨厚，活得悅樂。貧困時力爭上游，富貴時發展抱負。積極進取，樂觀奮鬥，是為人的基本精神。樂觀才有創造，樂觀才能圓夢，樂觀才有光明的未來，因此人生應抱樂觀主義，己立立人，己達達人，朝氣奮發，努力上進，夫婦活動豐富多采，方有健康快樂的人生。

結語：夫婦生活為歡幾何，例如翻譯家朱生豪與宋清如相愛結婚，可惜不到三年，朱即病故。又如社會學家費孝通與王同惠愛侶，結婚只有一〇八天，王亡山谷。故夫婦身體健康的歲月，應特別珍惜，彼此互諒、互助、慰藉體貼，努力達成互相的快樂，實踐幸福的姻緣。

輯二　詩文宗師

隱逸詩人陶淵明

陶淵明是魏晉時代的偉大詩人，是我國古代田園詩的開創者，他的志趣懷抱，淳真品格，卓絕千古，在這道德淪喪民風澆薄的時代，更使我們嚮慕他的品格風範，欣賞他那高潔的詩文。

陶淵明（365-427）字元亮，一名潛，字淵明，東晉柴桑（今江西九江西南）人，他的曾祖陶侃，曾任大司馬，祖茂，父逸，都做過太守，外祖孟嘉做過征西大將軍。因他的祖先、外祖都為官清廉，於是到了陶淵明便一貧如洗。二十九歲，始出任江州祭酒，不久辭官。第二次，至荊州桓玄處任鎮軍參軍，因母死返鄉，第三次，劉裕任他為建威參軍，不久因妹死返家辭官。他三十九歲時，家有五個小孩待養，竟瓶無儲粟，生活困難，在親友的勸告下，出去做了八十多天的彭澤令。郡遷督郵至縣，他的佐吏告知應束帶去見，淵明嘆曰：「吾不能為五斗米折腰，拳拳事鄉里小人耶！」遂解印去職回里，從此躬耕為生，直到去世。

淵明的詩，描寫範圍廣泛，思想深雋，從詩的內容遞變來看，約可分為前後兩期，前期他還存有踏入仕途，服務社會，實現「大濟蒼生」的願望。

淵明少壯時代，學習儒家經典文史等著作，有志進取。例如其詩有云：「憶我少壯時，無樂自欣豫，猛志逸四海，騫翮思遠翥。」又擬古詩有「少時壯且厲，撫劍獨行遊，誰言行遊近，張掖至燕州。」由這些詩，皆可看出他少壯時期的樂觀奮發，志向抱負。其讀山海經詩中有云：「精衛銜微木，將以填滄海，刑天舞干戚，猛志固常在，同物既無慮，化去不復悔，徒設在昔心，良晨詎可待。」此詩表達精衛銜木填海的壯烈精神，激起他深切的同情和懷抱的壯志。他在感士不遇賦中有云：「發忠孝于君親，生信義於鄉閭。推誠心而獲顯，不矯然而祈譽。」表示從政立名的嚮往。

淵明抱有「達則兼善天下，窮則獨善其身」的儒家思想，又有傲視權貴，與人不爭，安時處順的老莊哲學觀念，一旦仕途不順，便把官職看做束縛自由的塵網，於是覺得昨非今是，於是毅然辭彭澤令，脫離官職，返歸田園，躬耕為生了。他此後的詩風轉向退隱的途轍上去，其在「歸田園居」詩中說：「少無適俗韻，性本愛丘山，誤落塵網中，一去三十年，羈鳥戀舊林，池魚思故淵，開荒南野際，守拙故園田，方宅十餘畝，草屋八九間，榆樹蔭後園，桃李羅堂前，曖曖遠人村，依依墟里煙，狗吠深巷中，雞鳴桑樹顛，戶庭無塵雜，虛室有餘閑，久在樊籠裡，復得反自然。」

詩人本性愛好山林，歡喜田園儉樸的生活，他將仕途看作塵網，看作樊籠，因而返回田園自然的生活，是他理想的歸趨。

又他在「歸田園居」第三首詩云：「種豆南山下，草盛豆苗稀，晨興理荒穢，帶月荷鋤歸，道狹草木長，夕露沾我衣，衣沾不足惜，但使願無違。」

這詩顯示他早晨就去勞作，到晚才披著月色回家，這樣的辛勞生活，不以為苦，而且認為還符合他的願望。

元嘉三年（公元四二六）陶淵明六十二歲，境況更加貧困，不幸他妻子翟氏於去年逝世，全家遂益發艱窘，他寫成「貧士」詩七首，其第一首云：「萬族各有託，孤雲獨無依，曖曖空中滅，何時見餘暉，朝霞開宿霧，眾鳥相與飛，遲遲出林翮，未夕復來歸，量力守故轍，豈不寒與飢，知音苟不存，已矣何所悲。」

他以孤雲無依，困守田園，忍受貧寒，境況淒涼，又加那年天候不好，糧食欠收，他作詩有「弱年逢家乏，老至更長飢」之句，感嘆他的窮苦遭遇。江州刺使檀道濟聽說淵明窮困，親自來看他，見他家徒四壁，罈罐空虛，又臥病在床的慘況，回去後派人送糧和肉給他，但淵明拒絕救濟，堅持他安貧亮節的風範。

淵明的詩作，約可分詠懷詩、哲理詩、田園詩三類：他的詠懷詩除前面引述少壯時代有志進取的幾首外，還有很多，有的直抒胸臆，有的即事起興，有的托物言志，有的借古諷今。他把日常生活中如飲酒、讀書、行役、教子、郊遊等不同層面，抒發他的志趣懷抱。他的哲理詩，有洞悉物理，徹悟人生真知灼見，如：「盛年不重來，一日難再晨，及時當勉勵，歲月不待人」，要人對年華時光的珍惜把握。他寫的「形影神」三首中有云：「甚念傷吾生，正宜委運去，縱浪大化中，不喜亦不懼。」是他對人生多麼通達的見解。其輓歌三首之一云：「……向來相送人，各自還其家，親戚或餘悲，他人亦已歌……」可知他對生死看得很透，對人情事態有很深切的體會。

他的田園詩最有特色，成就最高，他的詩中有謳歌淳樸、幽美的田園風光，有描繪春播秋收的農忙景象，有讚美平民的勞動生活，有傾吐自己耕作的艱苦，有抒寫友好交往的真摯情誼。這些作品重在寫心寫意，只蕭疏簡淡幾筆便能捕捉景物的特徵，傳達出其意態神韻，流露自然本色，達到化工的境界。

淵明除了詩歌出色外，還擅長散文與辭賦。有名的「桃花源記」，描繪理想的社會圖景，如詩如畫，使人嚮往。「五柳先生傳」，作者自況安貧樂道、恬淡率真的性格描摹入神。「與子嚴等疏」是恐大限將至所寫的遺囑，追述生平的思想經歷與志趣，期望諸子尚友先賢，洋溢親切的人情味。辭賦「歸去來辭」抒寫辭官歸田的生活情趣，表達了他的理想意境，筆調充滿詩意。「感士不遇賦」對朝政不修，無法任用賢能一遂其志的感慨。「閒情賦」則寫男女愛情，寄寓追求人生的理想境界，想像新奇，情致綺麗。

淵明的詩文創作成就，向為歷代文士所稱道，昭明太子云：「其文章不群，辭采精拔，跌宕昭彰，獨超眾類，抑揚爽朗，莫之與京……」鍾嶸評陶詩云：「文體省淨，殆無長語，篤意真古，詞興婉愜，每觀其文，想其人德……」蘇東坡云：「淵明詩質而實綺，癯而實腴，自曹、劉、鮑、謝、李、杜諸人，莫能及也。」金代元好問評其詩云：「君看陶集中，飲酒與歸田，此翁豈作詩，真寫胸中天，天然對雕飾，真贗殊相懸，乃知時世秘，紛綠徒爭憐，枯淡足自樂，勿為世名牽。」近人詩論家朱光潛說：「淵明在中國詩人中的地位是很崇高的，前只有屈原，後只有杜甫。」由此可知淵明怎樣受到歷代詩人墨客的推崇喜愛。

九十六、十二、二十一

儒學大師馬一浮

身在他鄉夢故鄉，故鄉今已是他鄉；
畫師酒後應回首，世相無常畫有常。

這是吾浙馬一浮贈給豐子愷的詩，凡是從大陸來台寓居的人們，對於這詩當有深切的共鳴，知人論世，我們應該瞭解馬一浮的風範吧！

一、家世出身

馬一浮是現代弘揚儒學大師，浙江紹興上虞縣（今上虞市）人，生於一八八三年，其父宦遊入川與母何氏結婚，而在成都寓所生下馬一浮，直到他六歲才隨父母回到浙江紹興定居。

馬一浮天資聰穎，五歲能詩，九歲就熟讀「文選」、「楚辭」，鄉里目為「神童」，十六歲參加紹興縣秀才考試奪魁，聲名大噪。當時浙江湯壽潛巨紳（民元為浙江諮議局議長，旋被舉為浙江都督），雅愛其才，以女妻之。婚後不到兩年，夫人病逝，馬終身沒有再娶。一八九八年秋以秀才身分進入府學堂繼續學業，一九○一年，至上海苦學英文、法文，一九○二年六月，他應清政府駐美使館留學生監督公署招聘秘書錄取，赴美將近一年，利用時間自學，閱讀大量西學著作。一九○四年五月轉至日本自費留學，主要從烏龍謙之學習日文和德文。一九○五年，馬一浮回國，寄寓杭州，大部分時間在文瀾閣讀書，有志「貫綴前典，整齊百家，搜訪文物，思弘道藝」，從而回到傳統，完成他一生的儒學。

他欲纂漢朝以來迄於近代諸儒學術，考其師承，別其流派，寫出儒學要典的著作，但因書籍未盡周備，終於沒有達到預期的目標。

二、往來人物

一九一二年，蔡元培出任民國教育總長，聘請馬一浮任秘書長，但任職不滿三週，即行辭職。據說當時進行教育改革，規定中小學廢止讀經講經，大學廢止經科，馬一浮雖極力反對，終難阻擋廢經的舉措，故辭職回到杭州，隱居讀書。後來蔡元培、陳百齊先後邀請馬一浮出任北京大學文科院長，竺可楨也曾數次邀他到浙江大學任教，但均遭拒絕。他的「只聞來學，未聞往教」不去就任教授的大師風範，從此名聲益發響亮。

馬一浮交往的多屬學術界、佛教界知名人物，在杭州時來往的有李叔同、豐子愷、肇安法師，後與新儒學家熊十力、梁漱溟交往頗密。熊十力湖北黃岡人，著「新唯識論」，曾兩次到西湖訪馬，將新唯識論同馬一浮商討。「新唯識論」是繼承宋明理學，闡揚儒家內聖外王思想的哲學著作，其中的「境論」章和「明心」章，采納馬的意見頗多。梁漱溟廣西桂林人，著有「東西文化及其哲學」、「中國文化要義」等作品。梁對馬一浮十分欽服，而馬對梁也十分推崇，說梁「仁者行勞天下比於禹墨，頃又身歷兵間，悲智之興，必有深且大者……」，上述「行勞天下，比於禹墨」是稱讚梁漱溟的不辭辛勞去實踐「鄉村建設」的理想計畫和實幹精神。

一九三六年春夏之交，馬應行政院兼院長蔣中正之召到南京，頗蒙禮遇。蔣公詢以行己、為政之道，一浮舉「誠」字為先，謂「不誠則無物」，「誠乃內聖外王之始基」。又詢以修身、治國之方，一浮舉張橫梁「西銘」以對，返後並恭書「西銘」送陳。

三、浙大講學

一九三七年七月，抗戰軍興，馬一浮由西湖遷居浙江桐廬，後轉到開化避難，隨從有其甥丁安期及門生王聖賢兩家合計十五人，生計困難，遂寫信給浙江大學校長竺可楨，請代謀工作，使免流離失所。竺校長遂禮聘馬一浮為浙江大學教授，一九三八年四月馬抵達泰和，受到浙江大學師生的熱烈歡迎。

馬一浮在浙大開國學講座，首先以張載「為天地立心，為生民立命，為往聖繼絕學，為萬世開太平。」四言為宗旨，希望學生樹起脊梁，依此立志，做一個堂堂正正的人，擔負起為萬世開太平的神聖使命。

馬一浮在泰和講述「六藝統攝一切學術的學說」，認為儒家六藝（易、禮、樂、詩、書、春秋）之學皆從一心出發，最為精純，故為中外一切學術的源頭和發脈處。所有人類之思想學術，皆可看做是六藝的支流，因此人類各種學術思想的開展，最終必將以儒家六藝的思想精神為旨歸。一九三八年十月，浙江大學由江西遷至廣西宜山，馬一浮繼續講「理氣」和「知能」，基本上完成他的哲學體系。他在泰和及宜山講學，皆由弟子記錄，然後結集刊印，稱「泰和」、「宜山」會語。其內容思想上條理清晰，脈絡可尋，有體有用，簡易親切，是會語的特點。

馬一浮在浙江大學開國學講座，深得該校師生的愛戴。當浙大遷至宜山後，定校訓為「求是」，請馬一浮作校歌。馬鄭重其事，斟酌歌詞力求雅正莊嚴，期能突出浙大的「求是精神」，并寓教育無窮之旨，因此頗受竺可楨校長和教授們的贊賞。

馬一浮在浙大講學時，竺校長亦常去聽講，十分禮敬。其時該校教授李絜非在「浙大西遷記實」一文中，有云：「馬一浮先生自二十七年春，來浙大講學，講闡六藝要旨，義理名相，誨人反躬力行，拔本塞源。馬先生講學時，本校教師亦蒞聽甚眾，多執弟子禮……」可見該校教師，對馬敬仰的心情。

四、復性書院

一九三九年初，教育部向行政院提議敦聘一浮設書院講學二月，馬遂辭去浙大講座，由桂入川。是年夏教育部設復性書院於四川烏山寺，任一浮為院長，講求經術義理。書院宗旨為闡明吾國學術本原，使學者得自由研究養成通儒，主講以下教師，設專門講座和特約講座。所聘之人，均為國內通才顯學或於經術義理有所發明為學術界公認者。對於學生亦有詳細規定（一）來學之目的不在於仕途進取，而在於學以至於聖賢，故來學者必須遵守三戒：不求仕宦，不營貨利，不起鬥爭，如有違背此三戒者，立即開除。（二）學生分肄業和參學兩種，前者是正式學生，後者類似大學的旁聽生。

復性書院為馬一浮畢生事業的寄託，故熱情執著，堅持不懈，將該院看做是儒者的事業，弘揚儒學的神聖使命，對於振興儒學確已產生相當的影響。一九四五年抗戰勝利，一浮建議國府聘沈尹默、周孝忱、劉百閔、壽毅成、朱惠清等為復性書院理事，幫助他將書院遷至杭州西湖葛嶺山莊為院址，續其事業。

五、晚年生活

中共建國之初，對馬一浮十分器重，一九五一年四月，上海陳毅市長到西湖馬的寓所拜訪他，邀他出來工作。他先後被聘為上海文物保管委員會委員，浙江文史館館長等職。一九五四年以後，被選為政協全國委員會特邀委員，一九六四年，與沈尹默、謝無量同時奉委為「中央文史館副館長」，一九六七年六月去世享壽八十五歲。

馬著有「泰和會語」、「宜山會語」、「爾雅臺答問」、「爾雅臺答問續編補編」、「濠上雜著」、「復性書院講錄」。一浮一生，不慕榮利，博覽群書，融義理、考據、辭章於一爐，無漢、宋門戶之見，復精研內典，一皆折衷於儒。所學以六藝為宗，以反躬為務，主敬之功有如程、朱，簡易真切，近乎陸、王。徐復觀教授將馬一浮、熊十力、梁漱溟、張君勱稱為「中國當代四大儒」，周恩來總理稱之為「我國當代理學大師」。

二〇〇七、一、一五

努力重建中國文化的大師

費孝通（1910-2005）江蘇吳江（今蘇州吳江區）人，是著名的社會學家、人類學家、民族學家、社會活動家。他不僅志在富民，更要為中國文化找出路。他深入農村、市鎮，從沿海到內地，從內地到邊區，實地進行觀察調查，著述廣泛，享譽國際。英國皇家人類學會授予最高榮譽的赫胥黎獎章，是中國社會學和人類學影響深遠的人物。

家世出身

費孝通出生在一個充滿書香的家庭，父親曾考取秀才，後去日本留學，回國從事教育，曾任吳江縣議會會長。母親楊紉蘭，上海務本女學畢業，創辦蒙養院，家中充滿教育氣氛。費孝通初入東吳醫學預科，讀到兩年，因覺人們的病痛不只來自身體，社會的病痛更是重大，因此要學社會學去治療社會的疾病，於是轉到燕京大學社會學系。

瑤山的慘禍失侶

他在燕京的成績很好，畢業後考入清華大學研究院社會學及人類學系，跟人類學家史祿國教授學習。兩年後考取清華公費出國進修，史祿國教授勸他延後一年出國，以便有時間收集實地調查資料，作為研究的基礎，於是他先與愛侶王同惠結婚，幾週後兩人同去廣西瑤山做實地調查。當走到十分險峻的山路時，費孝通誤踏入瑤人捕獸的陷阱，乃被巨大的石塊木頭壓倒在下面，腹、腿受了重傷，不能行動。王同惠趕緊出林找人救援，不幸途中墜落深澗身亡。費孝通忍痛在寒夜中苦熬到天明，勉力掙扎爬至一處，竟昏了過去，後被瑤民發現救起，並開始尋找王同惠，直到七天後才找到她的遺體，費對愛妻身亡，傷心極了。

費孝通經過醫療後，於第二年返回家鄉養傷。在此期間，他根據愛妻王同惠的筆記和他自己的記憶，寫成「花藍瑤社會組織」一書。

江村經濟調查

費又在這段期間，接受他姊姊費達生建議去吳江縣開弦弓村參觀訪問，他姊姊在該村設有幫助農民建立的「生絲精製運銷合作社」。費孝通在該村進行了一個多月的調查，接著他動身去英國船上的航程中，他將開弦村調查資料整理成篇，名叫「江村」。

他到英國進入倫頓經濟學院人類學系向該系導師馬林諾斯基(B. Malinowski 現代應用人類學奠基人之一）匯報了江村調查經過的內容。馬決定指導他編寫這篇論文，一九三八年春季論文通過，由倫頓大學授與博士學位，論文名稱後改為「中國農民的生活」。馬林諾斯基教授在序言中讚譽此書是人類學實地調查和理論發展中的一個里程碑。它讓我們注意的並不是一個小小的微不足道的部落，而是世界上一個最偉大的國家。江村經濟很快成為歐洲人類學重要的書籍，費孝通已成世界人類學著名的學者。

從事學術工作

費孝通學成回國時，中國正在抗日戰爭的艱困階段，他到雲南大學和西南聯大任教，並繼續他的實地調查工作。他招聚一些青年，成立雲南燕京實地調查工作站，展開內地農村調查。後來為避日本軍機轟炸，工作站遷到呈貢縣的古城村的古廟魁興閣。在此調查研究有八年之久，「魁閣」後來成了社會學界流行頗廣的名稱。

他在大學開課，講述中國文化，中國社會結構與功能，後來將講稿整理成「鄉土中國」一書，此書指出中國基層社會是鄉土性的。鄉土社會的人對其周圍的人從小就熟悉的，每個孩子都是看他長大的，各人知道各人的底細，很講信用，說話算數，一言為定，不靠簽字畫押證明，就可將事情辦好。但近百年來東西文化接觸，社會的變化很大，鄉土社會進入現代社會的過程中，傳統的生活習慣很多跟不上時代，顯得愚昧落伍，無法適應現代社會的複雜環境了。我們多注意生活的各方面，養成現代生活中做人處事必需的觀念和態度，融入現代化的生活，才能因應有方。費於一九四七年進一步提出「鄉土重建」，因為在人口匯集車如流水的都市，疾如流星的交通的繁華世界，怎樣利用現代技術，建立一個能夠相配的鄉土社會，才能適應新的時代。

理解東西文化

一九四三年費孝通第一次訪問美國一年，他寫下「初訪美國」一書，他看到許多機器大工業生產，高樓林立的大都市發展，切實瞭解「採菊東籬下，悠然見南山」的農耕文化已經不再了。飛機的高速航程，使世界時空縮小，國家和國家之間，再也不能閉關自守，不同文化裡的人頻繁接觸，會引起不同的反應，我們不願人類自相殘殺，只有積極地促進這世界性社會的形成，極力克服文化不同造成的障礙。他學成歸國後進入雲南易村，祿村，和玉村觀察實況，了解事實的真相。他看得越多，經歷越多，感觸越深，我們累積下的文化和這個現代國際局面發生了冲奪，我們要「為中國文化找出路」，必須重建中國的文化。

生育制度遠見

生育制度是社會的新陳代謝，中國人的心目中，上有祖先，下有子孫，光宗耀祖，香火綿綿。一九四六年他認識到中國人重視傳宗接代的原因，因此子女不斷繁殖，形成生育失控，人口增多的問題。土地面積變化很少而人口增加累積越多，就出現人多地少的現象，這是農民貧病愚弱的根本原因。解決之道，是計劃生育，控制人口，後來大陸就是這樣實施的人口政策。這與北大校長馬寅初一九五八年的新人口論，一九五九年蔣夢麟任台灣農復會主委，提出「節制人口」的主張先後輝映。

學術生涯中斷

一九五七年費孝通重訪江村，提出關於鄉村工業的問題，他在百花齊放，百家爭鳴的氣氛感染下提出來，與當時的政府政策有了衝突。當時他和年輕助手正在吳江蘇州等地調查工作，忽被召回北京，被當作資產階級右派份子的思想，遭受批判，解除一切行政職務，只保留教授一職，不許做實地調查，也不許寫作，不許出版作品，成為不可接觸的人，變得默默無聞的人了。

反右運動過去，接著一九六六年掀起文化大革命，紅衛兵張貼大字報，揭舉費是人民的敵人、犯罪分子，他被抄家，房屋被封，只留一書桌一床的小房間，供他獨處，而且還常常反復拉出去鬥爭，最後被送到湖北漢口潛江沙洋五七幹校（稱為牛棚）勞動。他在那裏要學蓋房子、砌磚牆、種棉花、燒飯等工作，直到一九七二年林彪死了，他才回到北京。這是他47歲至67歲生命最寶貴的歲月，失去學術研究的事業，使他痛惜不已。

晚年學術發展

一九八〇年費孝通的右派問題得到「改正」，這時他年屆七十，感到來日無多，趕緊努力恢復進行以往被中斷的社會調查工作，席不暇暖，奔波各地。一九八一年他三訪江村，向幹部群眾詢問農業、鄉村工業、土地、人口、文化教育、經濟收入、家庭結構和生活方面的情況，喜見農村發生的歷史變化、鄉村工業已經露出上升的曙光。

此後各地的鄉鎮企業日益發展，創造出巨量的物質財富，增強了地方的經濟實力。費孝通一步一步的追蹤，從他的家鄉追蹤到浙江溫州，從長江三角洲到珠江三角洲，從東南沿海到西北山區，他將這些行程見聞和感悟，逐一寫出鄉鎮發展論述，名為「行行重行行」一書。

費孝通的讀書和行路密不可分，他往往從閱讀書本中跳進了無字的社會大書。他能從一地方的水塔和煙囪的疏密狀況，大體判斷出當地工業的發展程度，從居民的模樣，估計出當地農民的人均收入水平。他所接觸的主要問題，是要解決農民溫飽的問題，人和人共同生存的問題。

促進兩岸學術交流

一九八一年費孝通赴澳洲講學，途經香港，遇見香港中文大學人類學教授喬健，他向費提到香港和台灣的社會科學同行已有較多往來，並已召開學術會議，費聽了大為激動，於是積極促成這種交流擴大到兩岸三地。

一九八三年三月香港中文大學主辦首屆「現代化與中國文化」研討會，這是一九四九年後兩岸首次正式的學術接觸，一時非常轟動，影響深遠。一九八八年第三屆研討會，費孝通說：當今世界上，不同文化傳統中成長起來的人們，已經生活在一個分不開的經濟體系裡，怎樣形成一個和平共處的世界秩序，應該是人類學社會學界深入思考的問題，他殷切希望同行們應當擔負起的歷史責任。

從實求知

一九九八年六月，他出版了「從實求知錄」一書，此書寫他從實際中得到知識的經過，從中也可看出他的思想在六十年裡的發展脈絡和發展的過程。

他進行反思，從他的老師那裡，學到把人類學和社會學結合起來，運用人類學的方法發展「中國的社會學」，並且要想到人與物的關係的世界，人同人的關係的世界，這就是「人文世界」的概念，用人文世界來利用自然取得人的生存和發展。今天的人類學、社會學是要看清楚人類的文化是怎樣變化。這樣才能看到我們努力的方向，我們要從實求知。當前最大的實際，就是人類社會從廿世紀向廿一世紀過渡時期的文化變遷。

文化自覺

近三四百年來，人類的科技大為發展，利用資源的力量大增，地球上有限的資源，肆意開發和浪費，一部分有權勢的人不斷揮霍掠奪，世界出現了貧富的兩極化，整個大地糟蹋虧損，已經變色。我們要認識到人與人之間的爭奪物資，必然會導致匱乏，亟應迷途知返，他想到文化自覺，是當今世界共同的時代要求。

費說：「在中國的傳統文化裡有重視人文世界的根子，自然世界要通過人文世界才能服務於人類，只看見自然世界，看不見人文世界是危險的。」

費認為上一代的知識分子，如吳文藻、潘光旦、顧頡剛、梁漱溟、錢穆等具有「士不可以不弘毅」的正氣，苦心孤詣，無私奉獻，憂國憂民的精神，令人覺得溫暖親切信實，這種高尚風骨的前輩，值得我們學習。

一九九五年九月，他對南京師範大學的師生座談說：「教育上很重要的一條就是要講做人的道理和規則，這是做人的根本，沒有了根本，怎麼去做人做事呢？」

費孝通晚年對前賢的道德文章，恆有敬慕之心，閱讀他們的著作，在有關中國文化的大問題上，有種神交的心靈默契。他寫道：「從宏觀的人類文化史和全球視野來看，世界上的很多問題，經過很多波折、失誤、衝奪、破壞之後，恰恰又不得不回到先賢們早已經關注、探討和教誨的基礎上。」如孔子的有教無類，「己所不欲，勿施於人」的仁道主張。孟子「老吾老以及人之老，幼吾幼以及人之幼」，推己及人的仁愛之心，都是中國文化的精神。中國文化對不同文化，互相尊重、互相溝通、互相容忍，心中有我也有別人，和而不同，與世界上不同的文化的人和平相處。

文化自覺是指生活在一定文化中的人，對其文化有「自知之明」。明白自己文化的特色和發展的趨向。文化不僅是除舊開新，也是推陳出新。文化自覺要認清自己的文化，也理解接觸到的多種文化，和其他文化一起，取長補短，共同建立一個共同認可的基本秩序，和各種文化都能和平相處，各抒所長，聯手發展的共處守則。當今世界經濟迅速全球化，我們應該借鑑世界上不同的文明，從中吸取營養，擴展我們的視野，為建設一個「和而不同」的美好社會貢獻力量。

一九九〇年費孝通生日提出文化自覺的理想，是「各美其美，美人之美，美美與共，天下大同」的世界。

學者評價

李友梅：「文化自覺」這四個字正表達了當前思想界對全球化的反應，費孝通的思考已經超越了「志在富民」和「各美其美」而進入中國傳統儒家文化，如何為人類作貢獻的「美美與共」「天下大同」的層面上。

張雨林：費孝通的研究思路，既是扎扎實實，逐步推進，又是十分開闊，放眼全國，放眼世界的。

梁漱溟：費孝通這個人樣樣通，近年來深入農村、工、礦，使他更通了。

結語：費孝通得到很多學者的讚賞，名滿天下，他一生志在富民，為解決中國社會問題而調查研究，從書齋到田野、到鄉土、到市鎮，為中國文化找出路，怎樣和全球文明如何相得益彰，共同繁榮。他一生腳踏實地，皓首不移，著書數百萬言，是享譽國際的學術大師。

台灣新詩承先啓後的領袖覃子豪先生

四十三（1954）年，我在政工幹校分科教育階段，參加李辰冬博士主持的文藝講座，覃子豪先生是擔任新詩的主講老師，他是台灣新詩壇的元老，傳承五四以來新詩發展的成就，在詩歌創作和詩歌理論方面都有所拓展創獲，並教出許多著名的詩人弟子，他是台灣詩壇承先啟後的人物，對新詩的貢獻很大。

覃子豪，四川廣漢縣人，（1912-1963），一九三一年初中畢業，後進北平中法大學，一九三五年東渡日本進東京中央大學，一九三八年返國，一九四四年到福建新聞界工作，一九四七年到台灣，在台灣省糧食局任職。一九五一年與鍾鼎文、紀弦、葛賢寧等借自立晚報版面編輯出版第一個詩刊（即新詩周刊）任主編，一九五四年與鍾鼎文、余光中、夏菁、鄧禹平等組成藍星詩社，任社長。他還主持「中華文藝函授學校」新詩講座兼詩歌班主任。

覃子豪在詩歌班上，常提到他的詩歌理論和主張。他反對那時現代派的詩人盟主紀弦提出新詩乃是橫的移植而非縱的繼承。覃子豪指出，中國新詩應該不是西洋詩的尾巴、回聲，而是中國新時代的聲音，若全部為橫的移植，自己將植根於何處？他主張民族型、傳統型的新詩，詩歌應該反映現實、反映人生，新詩在繼承中國古詩和民歌的傳統基礎上，可以向外借鑑和吸收，但反對西化。個人的風格和創造，應和民族的氣質和精神等溶為一體，既要重視詩的實質內容，又要苦心經營詩的表達藝術，要從對人生和現實生活的體認中，去發現新思想、新主題。

覃子豪在其「抒情詩及其創作的方法」一文中說，要閱覽中國過去的新詩，有助創作的借鏡啟發，這是新詩人應該取經的途徑。新詩自五四以來，詩人疊出，有浪漫、古典、抒情、象徵等各派多采多姿，我們要取精用宏，汲取眾長為新詩開拓更大的前途。茲擇新詩初期到四十年代，成就較大影響較多的重要詩人。簡介如下：

聞一多（1899-1946）湖北蘄水縣人，他是格律詩的主要倡導者和實踐者，著有「紅燭」、「死水」詩集，主張詩要有建築美、繪畫美和音樂美的三美。建築美指節奏的勻稱和句的整齊；繪畫美則指詞藻的運用，給人以視覺鮮明的色彩；音樂美主要指音節的整齊與和諧。聞一多的詩有整齊的形式和格律的規範，自鑄新詞，波瀾壯闊，意象繽紛，形成不可多得的沉鬱的美。

徐自摩（1896-1931），浙江海寧人，他雖稍年長於聞，但新詩起步卻晚於聞。著有「志摩的詩」、「翡冷翠的一夜」、「猛虎集」、「雲遊集」等詩集。一般認為徐志摩才氣縱橫，憑天賦美感寫作，節奏流暢，飄逸靈動，富有浪漫氣氛。

李金髮（1900-1976）廣東梅縣人，著有詩集「微雨」、「食客與凶年」、「為幸福而歌」等。他仿照法國象徵派詩歌技巧，大量運用象徵、暗示、隱喻、聯想等手法，結合傳統古典美的意象，營運具有朦朧神秘色彩的氛圍和情境，具象與抽象的交疊感，豐富了詩的特殊風味。

戴望舒（1905-1950）浙江杭州人，著有詩集「我的記憶」、「望舒草」、「望舒詩草」等。他的「雨巷」名噪一時，詩中循環跌宕的旋律，複沓迴旋的音節，表達了詩歌旋律美的極致。他詩的重心是意象與古典的美感，融合晚唐和法國象徵派主義詩風，詩歌有音樂的節奏，有內心情緒的表現。詩情醇厚，音節和諧，流暢自然，是他詩風的特色。

何其芳（1912-1977）四川萬縣人，著有詩集「預言」、「夜歌」、「何其芳詩稿」。他與戴望舒一樣，都有象徵主義的詩風。他講究隱喻修辭和音韻，善於想像，將人生的觀察和體驗，呈現出細緻的意象，充滿抒情、含蓄溫婉，頗有晚唐詩情的氣息。

卞之琳（1910-2000）江蘇海門縣人，他和何其芳、李廣田合稱「漢園三詩人」。著有詩集「三秋草」、「魚目集」、「十年詩」等。他融情於景，發展情景的美學，將傳統的意境和西方的詩歌小說技巧融會而成。日常生活的場景和情境，經他點化，便蘊涵了深沉的回味和耐人咀嚼的人生哲理。他是語言簡潔、詩意蘊藉、設境空靈的詩人。

馮至（1905-1993）河北涿縣人。馮至早在二〇年代，是新月派詩人之一，著有詩集「昨日之歌」、「壯遊及其他」。神韻微妙，格調高雅，魯迅在中國新文學大系導言裡，曾稱馮至是中國最為傑出的抒情詩人（馮至早期的詩）。四〇年代他寫的「十四行詩集」是現代主義的傑作，是哲學的詩化。詩人的視野，已成為觀察時代，檢討自己精神世界的境界。朱自清評說：「這些詩作，從敏銳的感覺出發，在日常的環境裡傳達出精緻的哲理」。

艾青（1910-1996）原名蔣正涵，浙江金華人。著有詩集「大堰河」、「曠野」、「北方」等多種。他強烈的愛國主義感情，通過土地的形象，得到了飽滿熱烈的反映，文字深摯如同木刻。他捕捉農民微妙細膩的心理，又以洞察歷史的眼光，表達豐富複雜的人生內涵。他的詩歌創造富有張力的意象，確立個體生命與時代精神的關係，把時代生活個體化，同時又將個體的存在時代化，使民族傳統與個體生命高度融合，充滿人道主義思想，反應歷史社會內容。他不僅在中國新詩史上，保持經久不衰的藝術魅力，而且也是新詩人最具有世界性影響的人物。

穆旦（1918-1977）本名查良錚，浙江海寧縣人，著有詩集「探險隊」、「旗」、「穆旦詩全集」等。抗戰爆發，他隨聯大部分師生從長沙步行至昆明。從長途中觀察西南風光，畢業後留美，獲芝加哥大學英美文學碩士。他的詩深沉凝鍊，筆調輕快，對於抗戰期間，中國農民堅強的忍耐力，民族的生存力作出禮讚。他對現代性的追求，對審美空間的開拓，使他成為最具思想深度和創造性的詩人。

（其他還有田間、綠原、辛笛等詩人，各有成就，本文限於篇幅從略）

覃子豪在大陸時，已是從事新詩創作的詩人，一九四七年到台灣就努力新詩的拓展活動，其後成為詩壇的領袖人物，不論詩歌創作和詩歌理論上都有較高的成就，他既是詩人，又是詩歌理論家、批評家、詩教家。

覃子豪著有詩集：「自由的旗」、「生命的弦」、「海洋詩抄」、「向日葵」、

「畫廊」、「未名集」等。詩論集有「詩的解剖」、「論現代詩」、「詩的創作與欣賞」、「詩的表現方法」、「世界名詩欣賞」、「詩簡」一、二集等。

覃子豪主張詩歌應該反映現實，反映人生，新詩在繼承中國古詩和民歌傳統的基礎上，可以吸收西方詩作的優點，豐富我們詩歌的內容。但是中國的新詩，應該是中國民族性格，民族精神和民族氣質的自然流露。

覃子豪的創作，具有明朗、含蓄、雄渾、健朗的風格，請看他的「追求」：

大海中的落日
悲壯得像英雄的感歎
一顆星追過去
向遙遠的天邊

黑夜的海風
捲起了黃沙
在蒼茫的夜裡

一個健偉的靈魂
跨上了時間的快馬

台灣新詩研究者批評此詩，寫得意境明朗壯闊、節奏雄健明快……結構謹嚴而完整，表現了詩人圓熟的創作技巧。

覃子豪主持「中華文藝函授學校的新詩講座兼詩歌班主任」，培養的學生眾多，著名的不少，今限於篇幅，只擇取四位簡介如下：

瘂弦（1932- ）本名王慶麟，河南南陽縣人，政工幹校第二期影劇系畢業，後獲美國威斯康辛大學碩士，曾任聯合報副刊主編。一九五三年十一月參加覃子豪主持的「中華文藝函授學校」詩歌班學習，一九五四年七月與張默、洛夫共同創辦「創世紀」詩社，開始創作。一九五五他的「火把、火把喲」獲軍中詩歌優勝獎；一九五六「冬天的憤怒」獲中華文藝長詩組第二獎；一九五七以三千行長詩「血花曲」獲軍中創作獎；一九五八「巴黎」獲藍星詩獎；一九六四「一九六三詩抄」獲香港好望角文學創作獎。

瘂弦是台灣現代派的大將，也是創世紀詩社的創辦人之一，他以「瘂弦詩抄」

和「深淵」獲得台灣現代派十大詩人之一的桂冠。瘂弦寫詩，也從事詩歌理論研究，和詩史資料蒐集、評注在詩壇影響頗大。瘂弦認為西方的詩可學，但不應抹殺本民族的文化精神，對世界各國包括西方的學習和吸收，用以充實自己，豐富自己是應該的，不可或缺的。他十分注意中國的新詩，尤其欣賞前輩冰心、何其芳、綠原的作品，從他們那裡吸收了大量的營養。一九五九年發表的「深淵」震驚了台灣詩壇，引起一股模仿的熱潮。另外他的詩作「如歌的行板」和「一般之歌」發表時，也十分轟動。作者蛻變之速，意象之繁、旋律之美，難得有人可及。

辛鬱（1933- ）本名宓世森，浙江慈溪縣人，十五歲當兵，三十六歲冬退伍，著有詩集「軍曹手記」。他除寫詩外，還寫小說、劇本和雜文，但他用力最多還是詩。他與詩人商禽、楚戈、秦松、沈甸為友，號稱五公，關係如同手足。辛鬱早期曾加入藍星詩座，後又轉到創世紀詩社，成為重量級的角色。

辛鬱主張詩的抒情並在創作中實踐，詩的藝術的要求，迫使詩人致力於語言意象化的營造，更要充實生活經驗與想像的能力。他的作品充滿了對生命頑強堅韌的信念，彰顯人道的主題，提高人本的意識，其詩有如橄欖，愈嚼愈有味。

向明本名董平（1929- ）湖南長沙人，空軍電子學校和美國電子學校畢業。一九五五年前後參加覃子豪主辦的「中華文藝詩歌函授班」，得到老詩人覃子豪的傳授，進入詩壇，出版詩集有「雨天書」、「狼煙」、「青春的臉」和另外四個詩人合出的「五弦琴」等。

向明詩的特色，努力地開拓生活，把生活當作詩的礦源，求真去偽，虛實相生，有多少感受，寫多少詩。他說沒有傳統，那有現代，沒有現代，那有將來。他對外國的東西，有選擇的吸收；對中國的東西放手創新，這就是他不西化而能化西的努力表現，因此創造了一種樸實穩健、溫柔敦厚，既有古風，又有今意的風格。

文曉村（1928-2008）河南省偃師縣人，台灣師範大學國文系畢業。他是葡萄園詩社詩刊的創辦人及主編，後改任社長。他於五十年代初參加覃子豪主辦的中華文藝函授學校詩歌班學寫新詩，因此把覃子豪視為「啟蒙老師」。他出版的詩集有「第八根琴弦」、「一盞小燈」、「水碧山青」、長詩「這一代的樂章」、詩論集有「新詩評析一百首」、「橫看成嶺側成峰」等。曾獲台灣「文藝協會」及台灣省作家協會詩歌創作文藝獎章、「國軍文藝金像獎」長詩獎，台北市教育局徵文中學教師組新詩創作首獎等。

文曉村的詩歌有三股震撼的力量，一是祖國和民族意識、二是回歸意識、三是歌頌勤勞樸實的勞動者高貴品質。他實踐新詩明朗、健康、中國詩的要求，他從語言上下功夫，創造出明朗、清新、含蓄凝煉的詩歌。

覃子豪對五四以來的新詩研究介紹，可謂承先；對自己教育培養不少的後輩詩人，可謂啟後，因此覃子豪確是台灣詩壇承先啟後的關鍵人物。他在台灣中年一代詩人的心目中，具有父輩和師長的形象。他在台灣沒有家屬孩子，當他重病住院期間，詩人如鄭愁予、羅行、羅馬、楚戈、辛鬱、洛夫、張拓蕪、梅新和瘂弦等，都以學生的身分，輪流晝夜值班，在他床前守護。他去世時，學生都從各地奔來弔祭，難得的是一位學生柴棲鷙，抱著一日為師，一生為父的心情，自願披麻戴孝當孝子，跪在他的靈前，代表覃的家屬向來賓們答禮。覃離開人世後，人們為他建築銅像，作為永久紀念。他在台灣專心致志為新詩的種種努力，奠定承先啟後不朽的詩人形象。

輯三　親友人生

吳仲希的和諧人生

仲希是我的宗兄，長我四歲，我七歲入學後，母親常催我早起，說：「仲希天剛矇矇亮就起來讀書，你也要早起唸書才好！」

我讀一年級，仲希已讀四年級，我升到二年級時，他已從子平公讀「幼學瓊林」（這書包括天文、地理、歷史、宗教、科學、職官、衣、食、住、行、花、木、鳥、獸、名物制度等內容很廣，包含很多典故的書），後來接著他讀「古文觀止」、「秋水軒尺牘」等古典文言書籍，子平公並教他對偶聯句（如「正名對」，日月對山川；「同類對」，如花葉對草茅；「的名對」，如「送酒東南去，迎琴西北來」；「異類對」，如「風織池邊樹，蟲穿草上文」等是，對對子是學詩的初步功課）。我讀四年級時，他到大荊鎮印山高小深造，他的國文基礎較佳，甚得老師的賞識。高小畢業，他升學淮南初中，可是學什費、住宿費、膳食費等不貲，家中負擔不了，因此，只讀了一年不得不輟學就業，經人介紹到「鬧水坑」村小學當老師。他在「鬧水坑」村小學任教時，和當地的鄉紳來往，建立起人際關係，因而獲得地方人士的好評，尤其那裡一位學養頗豐的張植之先生，仲希常去請教詩書，獲益很多。我後來進樂清師範求學，假期返里，他常常與我討論讀書進修的心得，切磋學問，他舉一首拼字構成的對聯如左：

八刀成米粉

千里重金鍾

我亦從學校陳適老師講過一聯說給他聽

童子打桐子，桐子落，童子樂，

美人捏米人，米人肖，美人笑。（此聯以溫州話讀音方合）

他又舉平仄到底的奇聯

屋角鶴獨宿

溪西雞齊啼。

我亦舉老師講甲午戰爭中國戰敗，李鴻章赴日議和，日大臣伊藤博文對李云：

「出無將，入無相，爾中國，患難相將，將來莫保。」

鴻章答之云：

「天難度，地難量，我皇上，何等度量，量得無妨。」

一九四七年春，我到定海六橫工作，六橫在舟山群島南部，是魚米之鄉，阡陌縱橫，村舍棋布，山脈含翠，河渠清澈。當地婦女，不少濃妝豔抹，楚楚動人，且與人應對落落大方。入冬天寒，六橫人家的房間床下設有火櫃（四周磚石砌成，中放木炭生火）一室生春，男女可共在床上擁被取暖，親切聊天，但在這樣溫熱氣氛中，常有發生情感的火花。有諺云：「桃花六橫，忘卻爹娘」，正可反應此地的旖旎風光。我將在六橫的見聞寫一長信給仲希，他看了我的信，大為欣賞，並把我的信拿給鄉友們看，加以游揚！他後來轉到鎮安鄉石坦山小學教書，鎮安中心小學胡鈞校長有一次到他的小學訪他，他把我寫給他的幾封信給胡校長看。胡對他說，仁傑是該班畢業的同學中變化最大的。

一九四八年，仲希到定海，經鼎三叔介紹他到朱家尖廟跟小學擔任教員。這廟跟村莊，田畝縱橫，人煙稠密，相當富庶，學生頗多。當他任教大約有一個多月，該村兩位略有點舊學根柢的老者，商量出個主意要來考考仲希的學識，寫了兩個不常用的字送交仲希，請予解答，他們想仲希如不能答，必會尷尬難堪的。仲希知道這是給他的考驗，遂謹慎作書回答如左：

「垚」，「名」，堯的古字，「形」，土堆高起來的樣子。

「坔」，係「地」的古字。

兩位老者接信後，大為信服，遂一同到學校來表示歉意，說是有眼不識泰山。這事傳揚開去，仲希的聲望便很快的得到肯定。

仲希很重視人際關係，對於當地的鄉紳頭面人物，蓄意交往。鄉長趙蘭生，第一期青年軍出身，幹練有為，很有擔當，並且很重視小學教育，仲希常去拜訪請益。廟跟富戶王必松，其家距學校很近，他與仲希年齡相當，志趣相投，交往頗密。另一位婁谷人先生，是當地聲望頗隆的紳士，仲希曾訪謁數次，相談愉快。有一次宴會，仲希和他同桌，天南地北聊了起來，不料談到某一個問題，卻各執己見，相持不下，場面尷尬了一陣。仲希事後覺得不該開罪鄉紳，第二天特地到婁家道歉！婁說：「昨日宴席上，我倆談話沒有保持平和，激動了些，有失風度，但事已過去，不要再放在心裡，以後我倆還是好朋友！」

這一場口舌誤會，總算化解了，由此可見仲希處事的謹慎態度。

一九四九年春假，我和守進叔同去朱家尖訪仲希，在他那裡住了一宵，次日他偕我倆去遊普陀山，普陀山在朱家尖北面，隔海相望，是著名的佛教勝地，仲希前曾遊過，熟悉各處景點。他引我倆遊普濟禪寺，法雨禪寺，慧濟禪寺，紫竹林，觀音跳，千步沙，大乘庵等勝蹟，並訪小學同學周家成。周在普陀山鄉公所任職，熟悉當地情形，他說，普陀山在抗戰前，佛門勝地只有寺院和尚和很少的幾家店鋪服務的男店員，佛教勝地不准有女性進住。抗戰時日軍佔領普陀，遂有婦女隨男士進住，此後婦女絡繹不絕，使佛地清靜打破矣。接著我們去訪大荊「鐵場」人黃公禹，他當時任普陀警察所巡官，長於駢文，係鼎三叔摯友，又是我鎮安中心小學金方傑同學的姊夫。他曾看過同鄉們寫給鼎三叔的函件，稱許我和張天祥兩人的書信文字最佳，由此更激發我努力學習寫作的興趣。普陀地區大荊同鄉不少，公禹接觸頻繁，人緣頗好。

次年（一九五〇）仲希升為校長，另聘同鄉胡守吉任教員，兩人合作，相當融洽。鄰近有一富戶獨女，曾負笈外地中學畢業，個性開朗。那家擁有數十畝良田，為要延續香火，招贅一女婿來持家，而贅婿沒有學歷，知識有限，夫妻間思想有了隔閡，情感也很難親密。她心緒不寧，常到學校來看看書報、雜誌，尋求精神的慰藉，因此與仲希相識。兩人有時談談文學，談談報紙上的社會消息，趣味相近，由是情感漸漸的滋長。為避免他人的蜚短流長，儘量用文字暗通款曲，傾吐心中的情意。日子一天天過去，他倆情愫也越發繾綣纏綿起來。

這年春，對岸的中共部隊逐漸佔領舟山的大榭、六橫、桃花、金塘等島嶼，形勢緊迫，舟山防衛司令部奉上峰指令撤退，事先十分保密。五月十四日，朱家尖的部隊，將當地的十幾歲到五十歲左右的男人，只要看到就拉去當兵，以充實部隊員額。仲希人緣寬廣，消息靈通，稍早就潛溜到山上叢林中藏匿，因而未遭軍隊拉走，得以繼續在廟跟任教下去。

仲希在朱家尖廟跟國校服務多年，後來將他家鄉的長子介紹到舟山工作，並在當地安家立戶。仲希處事圓融，講求人際關係，不僅奠定他自己的事業，還為他的兒子開闢了他鄉的工作園地。三國時孔明謂劉備曰：「將軍欲成霸業，北讓曹操占天時，南讓孫權占地利，將軍可占人和」，可知人和對於事業的重要。仲希不論在家鄉，在外地，都能拓展良好的人際關係，使他的工作處處得人幫助，獲得順利的發展。「和為貴」這句話是至理名言。

二〇〇八、四、十五

孫本琦的彩色人生

孫本琦是山東流亡學生，在澎湖被強徵參加部隊的，四十二年十月考入政工幹校美術系，師事劉獅、梁中銘、梁又銘、胡克敏等名畫家。他學畫素描、石膏像進步很快。並利用空暇，常到野外去寫生，對於描繪自然界的風物，積累很多的經驗。

四十四年五月底，政工幹校三期同學畢業，我與孫本琦等十六人分發至裝甲兵第二師服務。本琦派至炮三營勤務連，我派炮三營第九連，我倆在同一營區，經常見面。他常在空暇時攜著畫架到附近的野外寫生，樹木、花卉、溪流、田野的景物，都是他繪畫的素材。他的素描基礎紮實，故他描繪成的山崗叢林村落的景象，生動逼真，令人愛賞。營部會議室四壁懸掛了他十多幅作品，呈現其藝術才華的一角天地。

他設計勤務連的壁報報頭凸出的立體畫面，引人注目，壁報版面，加進許多插畫，使該壁報字畫相間，多采多姿，送到上級參加比賽，獲得優勝。又當時大陸的民眾生活窮困，「新三年，舊三年，破破爛爛補三年」，本琦畫了一幅鄉民貧苦的慘狀，獲得國防部頒給獎狀，他的聲譽很快的在官兵中傳揚開來。

五十年代的軍人待遇實在太差，中尉的薪水只有六十多元，上尉的七十多元，一個人再儉樸生活也沒有多餘的錢存儲，更無法奢望能過寬裕的生活。本琦想另闢財源，和在炮四營服務的同期同學張子霖合作，創設美術函授班，登報招收愛好美術的男女青年報名參加函授。一個多月後，來報名的學員就有了三十幾個，他倆編寫函授美術講義，自行刻寫鋼板，油印寄發。對於學員寄來的作業，根據其作品優劣得失，加以修改、評定和說明，分別寄回，使學者從中得到啟示改進，而獲得學習的功效。

函授班初期班址暫設在營區，後來學員人數遞增，寄來的學習作業數量不斷累積攀升，營房內處理感到不便，於是在台中市大雅路邊租一間房子作為班址。屋中靠牆設置許多層架子存放講義書籍，另外添置鋼板、油印等用品，廚房鍋灶等廚具。有時不出去外食，自行烹調，可節省開支。客廳壁間懸掛本琦和子霖的畫幅，呈現他們的雅舍格局。

學員們的簡歷卡，載明學歷、地址和照片，本琦仔細查看這些資料，當他看到一位學員名叫林靜，二十二歲，宜蘭人，秀目貝齒，形象清新，竟不由怦然心動。自己三十多歲了，還是孑然一身，安得有一個慧心蘭質的小姐，陪伴慰藉，多麼理想，如今看到這一位漂亮的小姐，不禁織起浪漫的綺夢。但是她只是函授班的學員，地域相距有二百公里，怎能搭起感情的橋樑，建立親密的關係來呢？他反覆思量，計上心來，在批改作業過程中，透露要探訪學員，面授畫藝，對方回信表示歡迎。人要衣裝，佛要金裝，本琦特地做一套體面的西裝，穿起來英挺瀟灑，神采奕奕，似乎增添了十足的信心。他選定一個晴朗的天氣，搭車到宜蘭按址找到她家，一棟兩層的磚牆瓦檐房子，院子花木掩映，鳥聲細碎，顯出自然的鄉居風光。本琦上前按門，林靜開門迎接，一身亮麗的裝束出現，含笑引進，介紹和她的父母相見。她的雙親將本琦當貴賓相待，饗以豐盛晚餐。

那天晚上，她將自己的寢室讓給本琦住宿，房中陳設素雅，明淨的窗戶，精巧的桌椅，壁上懸掛幾幅風景畫，這室中布置得舒適宜人。

次日，她送他到宜蘭市區，在街頭蹀躞一會，輕鬆愉悅地談話，終於到車站分手。在歸途中，本琦回味這一趟宜蘭尋夢之旅，著實充滿了溫馨。

本琦回清泉崗後，便立即寫信給她，信中流露深切的感情，滿期得到熱情的回函。但對方信中完全是對老師尊敬的語氣，沒有半點男女愛情的意味，甚至比以前未曾晤見時的信件要冷淡得多，這使本琦頗為失望。不過他還沒有斷念，後來還繼續展開追求的攻勢，可是對方卻儘量閃避開來，終於漸行漸遠了。

五十年間，本琦於休假中，回到幹校訪友，邂逅昔年山東流亡學生女同學姜曼麗。她自幹校第一期畢業後，再考入台灣大學政治系深造，學業完成後任幹校講師。本琦和她同鄉同學，久別重逢，兩人都感到意外的欣喜，而且彼此都是單身，都需要有個伴侶，故這次聚晤，談得十分投機。此後雙方函件往來中，互述生活的感想，慰藉精神的寂寞，感情漸漸的接近起來。有一次她來信要來台中看看他的畫室，本琦自然表示歡迎。當本琦從台中火車站接她，姜從月台中出來，穿一件淺黃色洋裝，乳白色皮鞋，一肩長髮，身材高挑，真不愧北地胭脂。她滿臉含笑，本琦也十分開心，兩人走出車站，向綠川東街本琦的畫室走去。

本琦和曼麗走進畫室門口，正待跨足踏入，忽然看到一位白衣綠裙的少女，背向著凝視壁間掛著的畫幅，孫突如觸電，立即止步轉向曼麗說，我們先到電影院看電影，回頭再來。這時曼麗亦看到那少女身影，見孫轉身出來，她亦衹得跟他向街上走去。

到了不遠的豐中電影院，那日上演的是西片愛情故事，這是頗為適合青年男女談情說愛的趣味，但孫這時竟對曼麗說：「我另有要事急須到某處去一下，現在給妳買電影票，妳一人去看，好不好？」

姜聽了，非常不快，冷著臉說：「不用啦！你有要事請便，我要回台北了」。姜說完，即返身而去，孫看她的身影，漸漸地消失在街道的人群中。

本琦返回畫室，那少女李芳猶在那裡，原來他倆相約是當日下午五時，是日她上午有事到親戚家，回來經過車站，離畫室不遠，順便進來看看的，不料碰巧被孫姜兩人的約會撞到，真是意外。但本琦原可照既定計劃偕姜去看電影，沒甚麼為難之處，但孫這時已屬意李芳，於是寧可將姜冷落，讓她委屈一番了。

本琦這樣突兀的轉折舉動，實在有他的考慮因素。他和姜都是山東人，當初身處流亡學生時，孫不論年齡學識都是可說是老大哥無愧，如今姜曼麗擁有政工幹校本科班出身，又有台灣大學政治系畢業的學歷，現職是講師，女性有這樣條件，可謂女中翹楚。又她的個性較強，缺乏女性的嫻婉溫柔，婚後恐難放下身段，做一個賢淑的妻子。齊大非偶，古有明訓。李芳學歷較低，性情和順，想來主持中饋照顧家庭，估計不會有甚麼問題，這就是本琦寧願捨高就低的原因。

此後本琦和李芳交往半年後，終於走上結婚之路。他升調政治隊隊長，負責藝工方面的時間頗長，但軍隊營區的環境制式化，管制嚴格，不可能讓他任意到水鄉、山村、寺廟、市肆去寫生作畫，更沒法有「搜尋奇峰打草稿」的際遇。四十八年我曾託他摹繪達文西的名畫「蒙娜麗莎」，筆法細膩，栩栩如生，顯示他繪畫功力的一斑。他退伍後任台中宜寧中學美術教員，甚得學校方面的器重。六十年間，我到台中訪他，相談甚歡，此後我在台北，他在台中，一直再沒有見面機會。今年初，在北市博愛路邂逅當年裝甲兵同仁張式安，承他告我，本琦已於前月去世了，我聽了不勝驚歎。據說他的四個小孩都已成人，那麼，他可以放心安息吧！

八十四、二、十

鼎三叔的命運多舛

一九四七年春節剛過，我隨堂叔鼎三坐船到寧波轉到定海，承他介紹工作的，因此，他是我到外地就業的引導，也是我一生事業發軔的關鍵人物。

一、從求學到教書

鼎三叔是子平公的第三子，少時歧嶷，讀書穎悟，當他跟父親到前溪小學讀書時，在儕輩中出類拔萃。子平公教他讀四書、古文觀止、詩經、左傳、東萊博議等典籍，督教甚嚴。他亦知努力上進，雅好辭章，學習文翰，十分用心，因而他寫的作品，情文並茂。他的書法臨摹顏魯公、趙孟頫，結體妍麗，遒勁生動，頗獲鄉里讚譽，鄭家嶺小學教員室書櫃上題聯「東園翰墨，西壁圖書」，就是他的手筆。

鼎三叔二十多歲，就開始在鄭家嶺小學教書。我虛齡七歲，看到鄰里較大的孩子結伴到學校去，便嚷著也去上學，雙親覺得我年紀還小，原想再晚一年，如今看我迫切的要求讀書，於是就讓我提早入學。

我家到小學約三華里，學校設在原來的寺院內，寺院頗有規模，中間大廳十分寬敞，兩廂前後均有房間，前面的廣場很大，側邊植有花草。我看鼎三叔當時穿著長袍，烏黑偏分的頭髮，梳得服貼，挺直的身子，氣宇軒昂。他認真的教我們讀書、寫字，不由的對他敬愛起來。

二、轉入警察陣營

我入學時，鼎三叔已任教了數年，他縱觀歷史上的文人墨客大多是功名出身，即以仕途顛沛窮困一生的詩聖杜甫，猶有「男兒在世間，及壯當封侯，戰伐有功業，焉能守田丘」的懷抱。他深感在鄉下小學孵豆芽下去，不會有多大前途，應該效班超投筆從戎，出去另創一番事業，於是向外探索出路，終於到寧波警察局充任警察，因工作表現優異，不久升任警長。稍後省府公安局長趙龍文先生，設立浙江省警官訓練所，招考警官幹部，鼎三叔前往報考錄取，遂到警官班受訓，畢業後，派任寧波警察局巡官。寧波係商業都市，人煙稠密，各行各業山頭林立，治安的問題層出不窮，他經歷許多警民事件，從而增進對於社會各方面的瞭解，累積很多治安的經驗。抗戰軍興，浙江大部分都市地區，均為日軍佔領，浙東游擊指揮部司令俞濟民部隊輾轉寧波、紹興、奉化等地，與日軍周旋，他遂轉到該部任大隊書記官。抗戰勝利，他耑返寧波警察局任督察員。三十五年夏，原杭州警官班教官董秉璇任定海縣警察局局長，董對三叔頗為賞識，遂調他任該局訓練員。不久定海縣政府為要清理全縣戶口，舉辦戶籍幹部訓練班，聘鼎三叔為教官。他在任教期間，結識許多政府官員及社會賢達，例如民政科長陳浩森、教育科長黃炳麟、戶籍主任胡翼翔、上莊鄉鄉長樂俊楚、小沙鄉鄉長徐百萬、景陶鄉農會理事長孫亞孟、洞嶴鄉中心小學校長王一非等都有相當的交情。他的嫡親周家成，得其引介參加戶籍幹部訓練班受訓結業，復設法將其派往普陀山勝地任戶籍幹事。周長於社交，在此觀光旅遊景點服務，大顯身手，並且娶了當地富紳的小姐，建立幸福的家庭。

一九四六年年底，他返鄉探親，年關前後，親友們前來會晤敘舊，彼此親切交談，流露深摯的情誼。石坦胡竹三、本村吳守進、陳亨林和我等托他挈帶出去發展，他很重道義，願意盡力。次年正月初十，他率同胡竹三等幾位先到海門歇宿，再搭輪船到寧波市住了兩天，並去天然舞台看紹興戲，然後搭船到定海。他安排我們暫居祖印禪寺住宿，該寺院不收食宿費用，因此得以節省開支。

在祖印禪寺住了八九天，胡竹三先生被派至朱尖鄉任民政幹事，吳守進被派任長塗國校校長。我被介紹到沙浦鄉（後併為上莊鄉）任戶籍幹事，後轉至洞嶴中心小學任教員，陳亨林則介至朱家尖警察所（王祖蔭所長）充任警察。鼎三叔的人脈關係寬廣，道義之交不少，我們幾位能在短短的時間內，設法獲得適當的工作，這真要感謝他盡力推介的力量。

一九四八年春，鼎三叔調升小沙區警察所所長，轄區包括小沙、馬嶴、干欖、長白等鄉，地區頗廣。他舉杭州警官班同學陳鵬為巡官，陳勤勉幹練執法嚴正，普獲屬下愛戴。另聘盧茂傑為外事巡官，盧長於社交，從事公關十分相宜。他又引來幾位鄉親子弟作為警所的骨幹，鞏固領導的基礎，加強指揮的靈活功能，以達有效治安的目的。

三、另築愛巢

鼎三叔重視公共關係，對地方縉紳、商場領袖及文教界有名人物多有往來。他在農會理事長孫亞孟的宴席上，認識景陶中心小學校長胡菊仙女士。胡身材頎長，臉上有淺淺的痳子，家境優裕，與前夫婚姻不諧分手，單身有好幾年了。鼎三叔和她談教育，談培養兒童的興趣，因為雙方都有教書的經驗，故談得十分投機，彼此的印象很好。胡校長得知鼎三叔擅長書法，請他在校門口的屏牆上寫新生活運動禮義廉恥的簡要詮釋。鼎三叔寫上擘窠大字，字體遒勁，很有氣勢，兩人情感進展很快，不久締結良緣。胡知鼎三叔老家有原配及子女，但當時習俗，豪門富戶，多妻的有的是，而且定海與鼎三叔老家相距三百多里，中間又隔了大海，相遇不易，胡又以為自己是校長，有獨立的經濟基礎，沒有把那位原配放在心上，因此在定海地區，胡儼然自居正牌夫人的角色。

鼎三叔的父親已故，母親年近七十，身體還相當硬朗，他遂寫信給他二哥佑廷，請他陪母親到定海來小住一段日子。於是佑廷伴母親搭乘輪船到定海住進胡菊仙家中，胡家房子寬敞儘有空房可供住宿，其家客廳壁上懸有山水畫幅，兩邊屏聯「猶是南陽諸葛廬，不啻西蜀子雲亭」是鼎三叔親書。佑廷看這客廳的佈置，不覺得是異鄉的客寓，彷佛是自家的住宅哩！

那年三月，鼎三請假陪他母親及二哥到普陀山佛教聖地進香，參謁普濟寺、法雨寺、慧濟寺三大名寺，並遊覽紫竹林、大乘庵、千步沙、朝陽洞等勝蹟。他的母親得覩莊嚴的佛國叢林，真感到不虛此生。

四、警所遭襲

一九四八年，中共軍隊在東北獲勝，華北漸占優勢，江南各地的共黨勢力乘隙蠢起。五月十三日深夜，潛伏舟山的土共數十人，襲擊小沙區警察所，所中員警，睡夢中意外遭襲，驚慌出奔，所內槍枝多被刦奪，而所長隨護楊警士被俘。共幹用手槍抵住他胸膛說：「趕快說明所長的下落，如果不肯實說，將你槍斃。」楊警士係所長鄉親，忠心護主，便推說自己是外地人，到此工作的日子很短，確實不知所長的去向，說時他拿出身分證，證明他確是外地來的。共幹看他籍貫是外地不虛，以為其言屬實，遂饒其一命。該所所員竟被綁架帶走，後遭用刑逼打，致驚嚇過甚去世。鼎三叔幸好那天晚上回到城裡家中住宿，得以逃過一刧。

一九四九年一月初，胡菊仙校長產下一子，全家歡喜，於是覓一奶媽餵養。是年初春，鼎三親友大荊陳文傳先生（原印山中心小學老師）、田嶴李照雲小姐（溫州師範畢業）和我，均因鼎三叔關係到景陶中心小學任教。因那時大陸北方中共得勢，南方局勢動盪，我們三人都願到比較安全的定海地區工作，舟山島處在浙江外海，那時還未直接受軍事波及影響。

一九四九年四月二十三，南京被中共攻佔，五月湯恩伯將軍上海保衛戰失敗，所屬部隊大部分被擊潰，僅撤出五萬人轉到舟山駐守，浙江省軍政人員等陸續退到舟山及各島屯駐，總計約有七萬多人，於是遍地所見都是軍人。這時的環境，警察實在難為，鼎三叔遂請調到定海警察局任局本部行政業務，工作比較單純。到了年底，定海外圍的六橫、桃花、金塘等島嶼相繼被中共部隊攻佔，情勢越來越緊張。鼎三叔感到前景不妙，遂辭去警局職務，轉到景陶中心小學任教，他想萬一舟山不守，教員是培養學童的清高職業，可以擺脫政治的糾葛！

五、舟山撤退的驚險一幕

一九五〇年五月十二日，上峰指令舟山全面撤退，十五日上午各處陸續有拉夫情勢，鼎三叔以為自己是教師身分，軍隊不至於到校內拉夫的，故沒有躲開的打算。當天下午五時許，他在房中看書，外面進來三個荷槍的軍人，請他到部隊去有事洽辦。鼎三叔隨他們到了一戶大宅中，那裡已有八九個村民，坐在幾條板凳上發愁，神情沮喪。唐詩「暮投石壕村，有吏夜捉人」的故事，那會想到這樣的淒慘情景在定海復現。鼎三熟知部隊抓兵的惡習，如果不能脫身，必充丘八無疑矣！即趕緊托人轉告太太胡菊仙，儘量用錢去疏通較有希望。幸好胡菊仙富戶出身，存有不少金飾，得訊即去向該部營長求情，他倆的嬰兒只有一歲多，不能失去父親，懇求將她的先生留下，說時並掏出兩塊金條秘密獻上。真的「錢能通神」，營長收了金條，不多一會，便釋放鼎三回家，夫妻慶幸，得以躲過參軍的一劫。

六、遭受清算的歲月

舟山國軍撤走後，中共部隊即迅速進入，隨後各機關人員先後進來，各方安頓就緒，即展開清算鬥爭。鼎三叔被人檢舉他任警察所所長的舊帳，於是將他解送到杭州入獄，參加勞動改造。在獄中折磨了三年，直到認為思想學習已改造完成，才遣返大荊老家。他和多年不見的原配妻子及兒女方得團聚，可是此情此景哪有多少的歡樂，卻有滿腹的辛酸！

鼎三叔多年在外對老家的照顧宛實太少，如今落魄返家，不免愧疚在心，而且必須面對現實生活，需要自食其力。公職的生涯不再，只有務農種田，以前是靠腦力，現在要靠體力，他向來沒有勞苦的鍛鍊，目今幹起辛苦的耕耘，真是不堪回首，有多淒涼了。

一九五四年秋，他接到定海胡菊仙來信，提到小兒人伋已經六歲，明年就要上學讀書了。他看信大喜，那邊妻兒的形象倏然在心湖澎湃，急切想去看看，於是湊集旅費，搭船到定海探望，睽隔了好幾年，骨肉重逢，感到特別的歡樂。他偕同菊仙和小孩在定海各處逛逛，重踏舊日蹤跡，回想往事如烟，不勝滄桑。誰知道這趟舊遊行腳，卻被心存芥蒂的激進份子撞見，大為不滿！「怎麼國統區時代的警界要角，到了今天還在這裡自在逍遙？」遂向上級機關檢舉控訴，務必要清算鬥爭，讓其不得翻身。當鼎三從定海返家不久，就被公安人員循線追蹤，將他再押到杭州打入監牢，批鬥折磨。這一次給鼎三叔的打擊更大，告他的罪狀全是信口雌黃捏造出來的，如此羅織的災難，生生淹沒了鼎三叔東山再起的一線曙光，於是意志消沈，心情鬱悶，在獄中蹭蹬了三年多，終於受不了身心煎熬憂傷去世了。

鼎三叔滿懷壯志，卻逢歷史轉折多變的世局，在他事業發展的途中，竟噩夢來臨，陷入困頓，而且還遭兩度鐵窗的災難。他的命運多舛，出人意外，人生到此，天道寧論！

二〇〇八、九、廿三

亨林的坎坷人生

一九四六年，我祖父認為讀書是有閒階級不事生產的角色，不是我們農家的本業，不許我繼續在樂師求學，於是我輟學在家，不甘不願的跟祖父、父親從事農作，零餘時間還不忘看點書，但日常愁緒橫生，掙扎度日。那年八月間，呂厝村呂希卿先生寫給我一封信，邀我到雙峰鄉新坊國小充任教員，我接信大為高興，因為我的志願是筆墨生涯，不願去幹荷鋤勞作的農夫。

在新坊國小教學期中有機會自修讀書，生活中充滿情趣。那時守進堂叔亦在鄰近的後厝國小任教，我倆常常在週末作伴回家，週日下午又同行返校，這一程歲月還算相當平順愉快的。

那一年將近寒假的一個週末，我和守進堂叔從學校返回，經過本村西邊的「大隴」上坡時，邂逅陳亨林，他是我小學時晚二年的學弟，和我倆說起剛從吳鼎三叔家裡來，因他父親去世，無法再供他繼續唸書，在家種田，不勝勞苦，於是他祖父帶他到在外工作目今回里過春節的鼎三叔家裡，託他想辦法找出路。

我倆問：「鼎三叔怎麼說？」

「他叫我抄寫一份『國父遺囑』拿去看看，剛才是我將抄件送去的……」亨林說。

「他有沒有答應帶你出去？」

「他已答允了！」亨林滿腔高興的說了！

我和守進叔兩人聽了亨林的話，心波被激動起來，到外地去發展的機會較多，倆促鄉里終歸不是長久之計，我倆何不去拜訪鼎三叔，請他也把我帶出去？

與亨林分手後，我和守進叔當晚就去見鼎三叔，請他帶我倆出去，他見我倆的態度很認真懇切，終於同意了。

過了一九四七年春節，我與亨林、進叔和胡竹三先生等隨同鼎三叔乘坐輪船到寧波住了兩天，在寧波還去看了「天然舞台」的一場紹興戲，然後搭船到舟山定海。時值春寒料峭，風雪交加，鼎三叔將我們幾位介紹安置在定海城裡的祖印禪寺暫住，等待找好工作再各自離去。

祖印禪寺的規模很大，我和亨林等住宿在寺中西邊的一間禪房，靠牆一邊的通舖，窗外視線良好，可以看到行人在道途中躑躅往來。

寺中供我們早中晚三餐素食，解決了吃的問題。這一陣日子雪花飄飛，地上積雪約一寸多，寒冷襲人，我和亨林、守進等窩在屋裡看看書，談談天，等待工作的到來。

一星期後，胡竹三先生到朱家尖鄉公所任民政幹事，守進叔被定海縣政府教育科派往長途國校擔任教員，我被派到沙浦鄉任戶籍幹事，亨林最後被派往蝦峙鄉一個小學去擔任教員。他長得白淨的娃娃臉，眉清目秀，更顯得年輕青澀，不夠成熟。當地小學的負責人看到亨林的模樣，問了幾句話後，便對身旁的人輕聲說：

「這樣稚嫩的青年，又沒有教書經驗，怎麼能當老師？」

亨林未獲聘用，於是回到定海去見鼎三叔另想辦法，鼎三叔於是再為他安排接洽，介紹到朱家尖警察分駐所所長王組蔭處，充任警察職務。

朱家尖面積有七十平方公里，北近普陀，西北與沈家門相鄰，民情淳樸，居民大多以捕魚為生。警察的主要工作為維護治安，業務單純，亨林年輕活潑，加以個性溫和，與同事們相處很好。他生活儉樸，雖然待遇不多，也積蓄了一些錢，那年年底，還托人帶款回家，家裡的人感到十分高興。

次年（一九四八）年底，他返里過舊曆年，給家中和親族帶來不少的歡樂。有一天，他家裡為他設宴請客，亨林邀守進叔赴宴，守進叔不諳世情，堅不受邀，亨林力請，兩人用力拉扯好一會，導致亨林滿頭大汗，僵持不下。他大哥亨釗到我家對我說，請你去勸勸守進叔一塊去吧，於是我去力勸守進叔對於誠摯的邀宴，堅拒是失禮的，他終於同意前往。那晚被邀一起進餐的有佑廷伯父、吳仲希、亨林的姊夫胡駿、守進叔與我，亨林祖父對我們的到來感到光榮體面，非常歡迎，並笑著說：「你們諸位好不容易請來了，今後請多多照顧亨林，同時將來我歸天時，還望諸位能夠給我祭一祭哩！」

一九四九年春，亨林被調到定海城裡警員訓練班受訓，和幾位學員住宿在一家富戶的大宅內，亨林他們的寢室在二樓，環境幽雅，憑窗下望，常見一位穿著入時的秀麗少婦，在院子裡澆花、曬衣。亨林的同伴常在窗邊和少婦調笑，尤其亨林儀表英俊，少婦對他特別好感，時露笑靨，還常常送給亨林一些書報雜誌看，其中有一本魯迅雜文集，承亨林轉送給我，這是我十分喜愛的書。

一九五〇年五月，舟山撤退，亨林隨政府機關到了台灣，他和呂介平等一時沒有適當的工作單位棲身，就臨時在基隆一處落腳。後來守進從台北某部隊逃出，找到定海縣政府在台辦事處，打聽到亨林的住處，遂到基隆找到他們。他們四五個同鄉，在基隆待了十多天，始終找不到謀生的工作。後來得到訊息，可以到大陳島打游擊，大陳島距家鄉很近，他們想先到了那裡加入游擊隊，再覓機會返里也。

大陳島在浙江省台州灣東南海上，北距舟山群島一百餘浬，西離大陸浙東沿海港灣最近者僅十四浬，屬溫嶺縣，當時人口一萬一千多人，設一個鄉（後改稱為大陳鎮），居民多以捕魚為生。陳亨林、呂介平等到了大陳，參加反共游擊隊，因為補給困難，生活相當艱苦。其後呂介平邂逅舊友陳家洋，當時擔任當地中心小學校長，遂介紹吳守進到該校任教。守進原是定海小學教員，至此恢復了教學生活，得遂心願。

亨林聰明伶俐，部隊遴選他去學無線電通訊，學成不久，部隊要派人到大陸蒐集情報，選擇熟諳當地方言的人員秘密前往工作。亨林老家是台州方言區域，派他潛入到對岸民間，沒有語言問題，他又會無線電，條件適合，遂被選派。亨林雖不喜情報工作，但軍人必須服從命令，不得不冒險去幹。他與另一隊員，偷渡溫嶺的一處港灣上岸。但是那時的中共治安機關有嚴密的防諜措施，不論旅社、餐廳、住戶、街衢、巷弄，凡是發現形跡可疑的人物，人人都必須通風報信，檢舉予以逮捕的。亨林等雖然偷渡上岸，但很難找到可以逗留隱匿之處，無可奈何，只有躲躲閃閃的潛回到他自己家裡，藏身起來，再待機活動。

亨林和同伴匿居樓上，餐飲補給都由他兄嫂等協助提供，他倆亦知道這樣藏躲，危險重重，想設法轉移到別處。但一則別無可靠的落腳之處，二則行走途中，難免有形跡敗露的危險，便只有窩在家中，躲匿了一個多月。誰知他倆的無線電發報被中共偵悉，並循線追蹤，偵測到電波是在蔡界山地點發出，中共遂動員官兵數十人，於深夜間到蔡界山村，先到龍頭崗包圍吳守進、吳ＸＸ兩家，測知跡象不對，遂移師到水磨坑亨林家，團團圍住吶喊捉人。亨林與伙伴知身分暴露，於是被迫衝出家門。大夥官兵圍堵喊話招降，那伙伴不聽舉槍發射抗拒，遂被擊斃，亨林見情勢危急，知難脫身，遂舉手投降，官兵將其逮捕帶走。

亨林被捕入獄，連累他的家人，他大哥亨釗，被控窩藏敵特人員，遭到槍斃；他的四叔被判刑坐牢多年，病死獄中，而他那剛訂婚的未來妹婿，是地區的有力共幹，亦受到牽連扣以知情不報的罪名被處死刑，這是村上發生空前株連多人的慘劇。

亨林坐牢多年，刑滿出獄，但是難以擺脫罪犯的印記，沒法找到適當的工作。

同時經歷這番沈重的打擊，覺得顏面無光，也沒有心情在家鄉定居。於是遠走山西的礦場工作，那裡的生活十分艱困，他也一直幹下去，很晚才得成家。一九八〇年左右，他返蔡界山故里探親，還到守進叔老家打聽守進在台的訊息。

一九八八年，兩岸開放探親，次年秋天，我返故里，才得知亨林的苦難遭遇。第二年（一九九〇）守進叔回鄉，亦想與亨林敘晤，但路途遙遠，無法如願。他的弟弟曾將我倆先後返家邀宴許多親友，戚屬們還得到厚重餽贈的情形寫信告知他，他讀信欷噓，獲知台灣的經濟發達生活富裕，心中更感到當初的錯以豪厘，差別千里。於是他思前想後，觸緒萬端，興起了多少的鬱悶消沈。真是「憂能傷人」，隔不了幾年，他竟在山西病故了。

回憶一九四六年起，目睹耳聞亨林的種種情景，恍然如昨，如今想到亨林的坎坷人生，真不禁為之嘆息不已。

二〇〇八、二、十八

胡亞的姻緣迷惘

一、

珍吾下班後，到宿舍裡換好衣服，走出成淵中學的大門。三月的傍晚，天空還很明朗，他穿過延平南路，走向西門町靠近國賓戲院時，看到一位穿著旗袍的少婦緩步過來，珍吾一看是熟人，忙迎上前去招呼說：

「胡老師」

「啊！吳老師，想不到在這裡遇到你。」胡亞滿臉的驚喜！

「妳怎樣到台灣來的，現在住在哪裡？」珍吾熱切的問！

「說來話長，我們還是找個餐飲店好好聊！」

他和她在拐角處一家餐飲店坐下，叫來飲料。胡亞說起三十九年五月舟山撤退到台灣來的經過，目前住在中和鄉，先生在經濟部上班，她自己在一家公司擔任出納。

「吳老師在哪理高就？」胡亞說。

「我現在成淵中學教務處服務，住在學校宿舍，生活還算安定，只是兩岸政府對峙，和家鄉無法通信，時時惦念著親人哪！」

「我也一樣！前陣子有朋友到國外去，我還托他帶信寄回老家哩！」

他倆聊了一會，彼此給對方寫了通訊地址，然後親切地告別。

珍吾回到宿舍，一幕幕在舟山的往事，在他的心扉掀開了……

二、

三十六年，珍吾在舟山長塗國小任教，暑期參加定海縣政府舉辦的小學教師講習班受訓，與上莊鄉積峙中心小學教師鄭其超編在同一小組學習，兩人十分投緣，常在一起活動。

一天下午，講習課即將結束，珍吾和其超一塊向休息室走去，一位穿著綠色洋裝的俏麗女士過來，輕盈的喊道：

「其超！下個週末，我們要舉辦聯歡晚會，你也來表演一個節目，怎麼樣？」

「胡學姐，不要開甚麼玩笑，我沒有妳那樣多才多藝，有甚麼可以表演的？」

「不要這樣講！我們要多找些人參加，使晚會節目熱鬧些才好。」她說完，含笑著走了！

「她是誰？」珍吾好奇的問其超。

「她是我鎮海中學的學姐胡亞，桃花島人，她現在桃花中心小學教書，性情活潑，喜愛交遊，當時在中學裡便是活躍的角色，因此很多同學都認識她。」

講習結束，其超介紹珍吾到六橫上莊中心小學任教，校舍還算寬敞，前有如茵的草坪，後有茂密的樹林，四圍是充滿生氣的農作物，富有田園風味。學生有一百多人，校長邵劍峰，五十多歲，經驗豐富，與幾位老師相處融洽，珍吾對這裡的環境，相當滿意。

一天下午，一位身材碩長的警官來訪珍吾，珍吾請他到會客室見面。他取出一封信，交給珍吾，原來他到定海警察局洽公時，該局行政科長吳鼎三託帶一封信給珍吾的。吳鼎三是珍吾的堂兄，對他很是關心，一方面托陶警官帶信，另方面有意使他倆相識，彼此有個照應。

陶鵬警官自我介紹說他是溫嶺人，中央警官學校畢業，他奉派到六橫分駐所服務，還不到三個月哩！

珍吾看他態度親切，便高興地說：

「你的家鄉溫嶺和我的家鄉大荊鄰近，也算是同鄉了，今後還望多多指教哩！」

「哪哩！哪哩！不過我倆今後要多多聯絡！」

三、

一天早上十時左右，門口進來一位肩上三星的警官，那是陶鵬，他是珍吾邀請來參加該校週年的校慶，珍吾當即介紹他和其超、胡亞等認識，然後請其超、胡亞和陶鵬到會客室休息。

胡亞穿一件翠綠洋裝，身材苗條，皮膚細白，鵝蛋臉上洋溢著笑意。她看陶體型高大，一身平整的警官制服，眉眼間閃動著英氣，兩人都有興趣和對方談話，加上其超在旁助興，話題就源源湧出，越談越顯得親切起來。午餐時他們坐在一桌，一邊進食，一邊又可以交談，顯得十分愉快。

餐後休息一會，胡亞說要回去，其超趕緊阻攔說：

「學姐！難得到六橫來，趁此機會逛逛附近的風景，豈不更好？」

「胡小姐，陶警官，我們到香火鼎盛的東嶽宮看看怎麼樣？」珍吾說。

陶警官也慫恿著說：「大家一起去看看吧！」

胡亞看他們一個個熱情洋溢，終於爽快的答應了。

東嶽宮是當地最大的廟宇，雕樑畫棟，很多莊嚴的佛像，金光閃閃，懾人敬畏，來此朝聖的善男信女，絡繹不絕。他們有些燒香禮佛，祈禱托庇平安，有些少女盼成良緣，期待月老撮合，看他她們向菩薩雙手合十，心中祈禱，然後將筊杯拋空落地，察看陰陽奇偶相生的命運。

其超笑對胡亞說：「學姐，妳也趁此機會，去擲筊問卜一番吧！」

「擲筊求卜是傳統習俗，既然來到東嶽宮，我也跟她們一樣，應該上香禮佛才好！」說時，她走向菩薩上香敬拜，手拿筊杯向空拋擲三次，有正有反，看看奇數偶數的配合，從中推測未來的情況。她雖不大迷信，但此際觸景生情，不免升起對於將來的憧憬！

胡亞臨去，其超、珍吾和陶鵬送她到港口上船。「歡迎你們到桃花島來玩！」胡亞在船舷旁對他們招手說。

四、

陶鵬這次和胡亞認識後，對她朝夕難忘，過不了幾天，就鼓起勇氣寫信給胡亞，表示仰慕的情愫，隔不多時，胡亞的回信來了。

信中表達相當的親切，字裡行間又透露對他的好感，給陶帶來了信心，他繼續的寫信追求下去，雙方的情感漸漸滋長了。

秋天的一個假日，陶鵬搭船到桃花島，抵達一溜靠山的村落，向路旁一個中年耕作的農夫探詢胡家住址。他用手一指說：前面山腳下那座有樓房的就是。陶愉快的向前走去，靠近院落問訊，胡亞笑盈盈的出來歡迎了！

胡亞爸爸五十多歲，身穿藍色長衫，頷下留有短鬚，一副紳士派頭。他和陶鵬到客廳中落座，輕鬆地談話，他曾在上海商場做過帳房，閱歷豐富，看陶鵬的身材英武，頗有好感，便從談話中問起陶的家庭背景和服務單位的情況。不多時，便招待陶鵬去午餐，席間陶儘量表現得彬彬有禮，氣氛很好。餐後胡亞陪陶到戶外走走，看看景色，桃花島山丘面積占百分之九十，最高對峙山海拔五百四十四多公尺，北面山間露出受過侵蝕的流紋岩，內含水晶等物可製裝飾品，一俟開發為一大利源。

東部海岸有千步沙灘和礫石灘，俯瞰沙灘外層層碧海，氣象萬千。

「桃花島真是名不虛傳」陶鵬讚賞地說。

「你聽到過甚麼呢？」胡亞有點好奇的問。

「男子到桃花，到老不回家！」

「一般人是這樣說的，這話聽起來好像有點誇飾！但桃花島風景優美，人情淳樸，一般女子也多長得聰秀，故外來人在此成家落戶的很多，亦是事實。」

兩人繼續的談，意興很濃，不知不覺，太陽已斜向西邊的山頭了。

五、

陶鵬在六橫上莊服務的時間不長，三十七年五月，調到定海警察局工作，他與胡亞的感情發展很快，終於在那年秋天結婚，寓居在定海城區。胡亞在次年春天，也找到鄰近的小學擔任教師，她那桃花島的親友，還常到她的家去看她哩！他們覺得定海城裡交通方便，有輪船直達上海寧波等商業都市，胡亞住在這裡，又有滿意的丈夫相伴，實在是理想的歸宿。

三十八年四月，中共部隊渡過長江，五月京滬衛戍總司令湯恩伯上海保衛戰失敗，殘部轉撤到舟山群島駐守。此際加上浙江省政府和所屬機關部隊亦移駐舟山，於是島上外來人數多達七萬多人，因此舟山很多民房都住了軍人，被人笑稱「軍民一家」。三十八年底，舟山外島的桃花、大榭、六橫、金塘等島嶼先後被中共攻陷，形勢緊張，這時陶鵬調升為小沙區警察所長，但這時胡亞娘家桃花島已在陷區，交通斷絕，無法聯絡，加深了心中的繫念。

三十九年四五月間，舟山對面的共軍增加了海空軍的質量和數量，我之制空制海權都受到嚴重威脅，上峰迫於形勢，秘密決定自五月十五日舟山撤退。陶鵬和胡亞匆匆攜帶細軟，隨政府等有關人員乘輪船駛向台灣。

船行三天三夜，到達基隆上岸，然後轉到台北。陶鵬得到政府的輔助，安置在經濟部一個單位上班，生活有了著落，於是在市郊中和鄉（現在屬新北市永和區）租寓住下。胡亞過不了多時，在中華路一家公司擔任會計，她家有兩份薪水，生活過得滿適意的。

五六十年代，台灣政治穩定，經濟日趨繁榮，人民生活越來越富裕，街上飯店、酒家、歌廳、舞廳、咖啡廳、電影院，到處都是。飽暖思淫慾，社會上尋歡作樂的人，所在都有，陶鵬原是規矩人，但有時被要好的朋友拉去舞場酒樓，消遣作樂，次數一多，便不再畏畏縮縮，常有興趣去娛樂場所陶醉了。

六、

珍吾自舟山撤退，隨軍來台，在北市成淵中學教務處待了四五年，他與胡亞邂逅後，暇時常去她家聚談，他鄉故人，分外親切。後來他轉到桃園縣五權國校教書，距離較遠，見面的機會就少了。有一年暑假，他因事到台北，趁機到中和鄉訪胡亞，她孤寂已久，見珍吾前來，喜出望外，待珍吾坐定，胡亞便端一杯烏龍茶給他，倆人便聊起來，珍吾問起陶鵬的情況！

「他假日難得在家，早就出去了！」胡亞說。

「妳怎麼不和他一塊出去？」珍吾好奇的問。

「他常常獨來獨往，哪會要我跟班哩！」

「妳倆原來恩恩愛愛，甚麼時候變得這樣呢？」

「以前他只是偶去舞廳、酒廊消遣，直到兩年前，在友人家遇到一位與夫分手的外省少婦，在麻將桌上廝混火熱，就暗渡陳倉起來！」

「妳怎麼知道的？」

「起先我看他一個人常常出去，行蹤不明，覺得蹊蹺，後來從一個眷村的鄉親口中得知線索，經我派人暗中追蹤，果發現他與那少婦有了婚外情。」

「難道你就讓他偷偷摸摸胡搞下去嗎？」

「我也不是沒有想過要打一場官司，但是男人一旦有了外遇，如果鬧開來，會越發不可收拾，為了還想維持這個家，只好開一隻眼閉一隻眼過日子！」

「妳要堅強下去，相信陰霾會過去的！」

「我有工作，能夠自立自強，不依靠他過生活，但這樣的同床異夢，心理是無法平靜的！」

「妳和舟山老家有聯繫嗎？」珍吾轉換話題的問。

「近來從香港的朋友幫忙通過幾次信。」

「想不想回老家看看？」

「我正在考慮，甚麼時機適當，回去探親！」

珍吾臨行，胡亞送他到門外，並向珍吾說，有空常來談談，她有時感到非常寂寞，有個老朋友聊聊多好！

七、

一個假日的早上，陶鵬穿著整齊向胡亞說：我有個朋友約我到中部一遊，大概回來較晚，說完，就跨出門，頭也不回的走了。她看他的神情，明白八九是去與情人約會，心中難過，也沒有精神去追問甚麼，讓他去逍遙吧！

她早有經濟獨立自主的打算，所以將薪水儘量儲蓄起來，且常利用機會，買些股票、基金，有時也獲利不少，因而手頭有了相當的積蓄。七十年代，大陸漸漸開放，她決定回故鄉看看，於是從香港到上海和她的姪兒見面，然後回桃花島故里。桃花和以前的情況差不多，有些年長的鄉親已經過世，年輕的一輩卻大多陌生，許多年紀較大的親友們熱烈歡迎，並向她問這問那，洋溢親情的溫暖。她與鄉親歡聚了幾天後，就特到上海她的姪兒家住一陣日子，才回來。

八十年代，大陸改革開放後，經濟大有起色，房地產有了買賣市場，姪兒來信說：淮海東路有棟房子，地點不錯，價格便宜，慫恿她去買下。她覺到在上海買房地產是划算的，遂去一趟上海，由姪兒陪同去看，一層三房一廳的房子，三面採光，結構堅實，格局很好，她考慮自己將來如果不適在台灣住時，還有個退居之所，遂決定買下，一切手續，由姪兒幫同辦理，她覺得完成了一件大事。

胡亞回來後，陶鵬問她這次返鄉的情形，她說了一個大概，但沒有透露上海買房子的事，怕他知道會生出枝節，引起風波的。他倆還是像以前一樣，經常有各自的活動，也不大理會對方去幹些甚麼？因為關心則亂，不去關心倒能保持心中寧靜。

一天早晨，胡亞在屋前的院子裡澆花，看到玫瑰花有幾朵萎謝，感到花季的好景時節太匆匆了。她回到客廳攤開書報看看，抬頭看到懸掛壁上的結婚儷影，兩人的青春神態，多麼的生氣蓬勃，而今陶鵬有禿頂出現，而她自己的眉梢也有不少皺紋了。人像花一樣，容貌是無法維持長青的，只是他倆沒有孩子，有時會感到冷冷清清，或許是造成婚姻生活不諧的原因吧！

八、

大陸自鄧小平領導下，提倡改革開放，三十年來，中國經濟真是脫胎換骨，2008年總體經濟已升為世界第二大經濟體。上海是大陸的工商業都市，各項建設日新月異，真是「一年一小變，三年一大變」，光是台灣人在上海地區從事工商業的就有七八十萬人，因此台胞在上海置產的也很多。前年胡去上海看到她姪兒家也有冰箱、電視機、洗衣機、音響等現代設備，感到高興。她探詢姪兒，還有甚麼需要她幫忙協助的，姪兒說：他們的生活已比以前好多了，食衣住行都沒有問題，值得操心的兩個小孩還在讀中學，雖然現在大學數量擴增，錄取名額增加，但要考取重點大學（台灣稱著名大學）實不容易，因為不是重點大學畢業的人數很多，在社會上較不重視，就業比較困難些。胡亞說：「你們應給小孩子早點補習必要的功課，這樣對大學聯考才會提高成績，如果他們在讀書花費上有甚麼困難，我可以儘量幫忙，」

「謝謝姑媽對我們的關愛！」姪兒說。

胡亞回到台灣，和她先生只簡單的提到旅遊大陸的情形，不提上海姪兒家的事，免他多心。不料去年她先生被小人蠱惑，逕將自住的一樓房子賣掉，兩人遂搬到二樓來住。所售的房子款項，卻被詐騙集團騙去，至今還在興訟之中，能否將款項取回，實在難料！胡亞感到痛心不已，她感到自己年齡日大，身體也越來越差，先生又是同床異夢，膝下沒有子女，前景是一片茫茫。她千思萬想，覺得這個世界上只有上海的姪兒最親，她今後不如搬到上海與姪兒一家住宿，度個安定的生活吧！

二〇一一、六、三十　永和

國共內戰暴風雨的歲月

——記袁愷先生

我在行政院人事行政局公務人員訓練班結訓後三個月，於一九七〇年十月到財政部研考處服務。袁愷那時任研考處第三科科長，我在第二科工作，和他鄰近，他看到我的字體端正，有時請我幫忙謄寫需要工楷的文件，他說年紀大了，寫小字不大靈光了。

他同我很快親近起來，常常一塊出外午餐，私下告訴我，他是政工幹部學校研究班第一期畢業，和我是校友（我是幹校本科班第三期畢業，後再讀淡江大學的）為免同事猜疑，儘量不要讓他人知道。往後的日子裡，我倆空暇時，常常海闊天空無話不談，因此他的身世經歷和生活各方面，我都相當孰悉了。

一、求學與就業

袁愷是江西豐城人，一九一七年生，家境富裕，親長有心栽培他向讀書之路發展。但江西在三十年代是多事之秋，共產黨於一九二七年在江西南昌暴動，後被平定，朱德毛澤東等共黨遂遷到江西瑞金等地，組織農民蘇維埃政權，壯大武裝力量。一九三〇年至一九三四年，蔣委員長對共黨發動五次圍剿，終於將共黨趕出江西。共軍經過二萬五千里的流竄，於一九三五年十月到達陝北集結，圖謀東山再起。

江西共黨的勢力雖被驅除，但戰火波及地區，人民受災情形嚴重。政府乃努力重建，改善農民生活。並於一九四〇年六月，在泰和成立中正大學，培養青年教育。袁愷中小學時，正逢多年的國共烽火影響，常在戰爭的陰影中度過，如今撥雲見日，附近有了大學，可謂幸運到來，他遂考入中正大學政治系深造。

袁愷有志從政，大學時期，對於中外的政治學說，用心研習，頗有心得，及大學畢業，參加文官考試，果然一試上榜，後經分派到湖北某縣政府民政科服務。他雖受過大學教育，但尚缺乏實務經驗，尤其對應用文還不能得心應手。這種文字，有一定的術語句法、體裁格式，上行文、平行文、下行文，都要有不同的語氣，他發現同事們，有些學歷不怎樣顯眼，但所擬公文，文字簡鍊，條理清晰，敘述恰當，文氣連貫，足見經驗老到，不可等閒視之。因此他對公文處理，特別用心研習，以免被同事看輕。經過約三個月的磨練，他漸漸熟習起來。

我國對日抗戰，經過八年的艱辛苦鬥，終於一九四五年八月獲得最後勝利。全國軍民同胞熱烈歡騰，以為從此可以安居樂業，可享昇平的生活。誰知希望很快落空，政府對淪陷區收復，沒有完整計劃，沒有統一的指揮系統。致許多接收人員以權謀私，為利自肥。更糟的有些不肖人員，要位子、車子、房子、金子、女子，被稱五子登科。這對政府的形象，大大不利。袁愷時在湖北，看到報刊上這些負面消息，認為接收淪陷區那樣地廣人眾的財物，沒有健全的監察組織人員制衡，乃有這樣糟糕的結果。

勝利後經濟惡化物價飛漲；開始是對接收淪陷區金融處理不當，當時政府對收復區法幣與偽幣（淪陷區當局所發行的貨幣）兌換比率未周全考量，輕率定為偽幣二〇〇元比法幣一元，偏高太多；這一錯誤決策，使得法幣大量湧進收復區，導致物價直線上升。由於收復區物價上漲連帶引發了大後方物價的上漲，最慘的是淪陷區老百姓原有的積存貨幣大大貶值，損失不貲，怨聲連連。

影響更大的物價飛漲問題，接著來了。一九四六年六月，國共內戰爆發，許多地區陷於戰火之中，於是全國能徵得的賦稅減少很多，而戰爭費用浩繁，政府財政收支差距過大，無力支應，乃濫發紙幣，造成通貨膨脹，物價狂奔。具體的例子，一九三七年，法幣一〇〇元，可買兩頭牛，到抗戰勝利，只能買一條魚。一九四六年，只能買一個雞蛋，以後則能買到的物品更少。那時物價的波動激烈，袁愷和他的同事們領到薪水，便急忙趕到市場購物，因為一早三十元買到的物品，下午去買已漲到五十元了。物價漲勢不停，老百姓的生計日益艱困，於是對政府失去信心。銷蝕支持的力量。

二、內戰的暴風雨

一九四六年，我國經過八年艱苦抗日戰爭，人民亟須休養生息，渴望和平建國的呼聲，甚囂塵上，國共兩黨遂進行政治協商會議，但因堅持各自立場，互相敵對，終於爆發大規模內戰，帶給人民的災難更為深重了。當時國軍有四百萬左右，共軍只有一百萬上下，武器只有小米加步槍，不能與裝備精良的國軍相比，故國民黨當局自認剿共定可獲勝。然而到全面軍事衝突，國軍竟節節失利，其主要原因，國軍重在全面防禦。專注地區的得失，致「到處要守，到處挨打，處處設防，處處薄弱」的困境，而共軍的軍事原則，以殲滅敵人的有生力量為目標，「傷其十指，不如斷其一指」的徹底手段，集中絕對優勢兵力，四面包圍敵人，達到全殲的目的。共軍機動靈活，避實擊虛，戰術上遇敵人優勢時，則化整為零，不見蹤影，當敵人深入孤軍無援時，則化零為整，集中優勢兵力圍攻予以殲滅。共軍擅長運動戰、夜戰，用兵機動靈活，避實擊虛，圍點打援，以大吃小，使國軍難以招架，部隊主力很快被共軍殲滅。我們看國共內戰最主要的三大戰役，就可明白雙方勝敗的原因。

㈠**東北遼瀋戰役：**錦州是通向華北的門戶，為軍事要地，國軍有十五萬人防守，共軍首要在奪取錦州，先占領外圍各據點和機場，然後重兵包圍發起總攻擊，突破守軍防線。錦州失陷，剿總副總司令兼錦州指揮所主任范漢杰及任賀奎、盧濬泉、楊宏光等高級將領被俘。

錦州失手，四平街旋被共軍攻陷，長春孤立勢危，兵團司令鄭洞國領軍十萬人固守。一九四八年九月，被共軍重重包圍，補給中斷，城內糧荒嚴重，靠樹葉草根度日，軍民餓死者每日不下百人。曾澤生軍長率六十軍投共，新七軍旋亦降共。鄭洞國見局勢已難挽回，被迫投共。

裝備精良的廖耀湘兵團十萬餘人向東撤退時，共軍迅速集中兵力，採取擋住先頭，拖住後尾、夾擊中間的戰術，將陷於狹窄地區的廖軍團包圍殲滅。司令廖耀湘及所屬軍長李濤、鄭庭岌、向鳳武等將領皆被俘。

錦州、長春失去，瀋陽遂成孤城。林彪集中各處野戰軍合圍瀋陽。城內的五十三軍被誘說投共，瀋陽陷落，兵團司令周福成被俘，剿匪總司令衛立煌乘飛機逃出，東北全陷。

㈡**徐蚌戰役**：徐州地處隴海和津浦兩鐵路的交叉點，戰略地位重要，為兵家必爭之地，因此國軍投入部隊有七個兵團及其他部隊共約八十萬人。對方共軍也有六十多萬人。會戰開始，拱衛徐州西北第三綏靖區副司令張克俠、何基禮率部隊兩萬三千多人投共，致黃伯韜兵團台兒莊、韓莊間防線洞開，共軍大舉撲入，黃所屬第六十三軍西撤被包圍遭殲覆沒，黃率殘部突圍亦被殲滅，黃自戕身亡。

黃維兵團裝備精良，訓練作戰經驗均佳的勁旅，奉命往援黃伯韜，在雙堆集地區陷入共軍所佈下的袋形陣地重重包圍之中。共軍殲滅黃伯韜兵團後，即以殲滅黃維兵團為目標，調集部隊加強黃維的圍困，在此緊急時刻，不料廖運周率第一一八師投共，使情勢更蹙，斯時彈藥缺乏，糧食、用水的供應都發生困難。正擬突圍之時，又有黃子華率第八十五軍二十三師投共。緊接著第十四軍被全殲。黃維率殘部突圍未成，他與三個軍長吳紹周、覃道善、楊伯濤等均被俘。孫元良見戰況危急，率兵團突圍被共軍殲滅，孫氏化裝農民逃出。杜聿明、邱清泉、李彌等部二十萬人，被困青龍集陳官莊，飢寒交迫，軍心動搖。共軍發動大軍猛攻突破陣地，杜聿明被俘，邱清泉自戕，李彌隻身脫逃，徐蚌戰役以慘敗結束。

㈢**平津戰役**：華北「剿總」總司令傅作義所屬部隊約五十萬人，負責保衛平津地區。遼瀋戰役結束，東北共軍沒有休整，林彪即率八十萬大軍，日夜兼程趕赴平津戰場，與華東野戰軍配合，兵力佔絕對優勢。先對天津發動攻擊，天津十三萬守軍僅支撐二十九個小時即被攻占，城防司令陳長捷、天津市長杜建時等被俘。天津既失，北平市郊外陣地相繼被共軍侵占，北平遂被重重包圍之中，欲戰不能，民眾請願要求和平解決，形勢迫人，官兵亦無心作戰，傅作義召集重要軍事幹部開會，決定和共方停戰，接受和平協議，平津戰役結束。

除了上述三大戰役外，還有幾次戰役敘述如下：長江以北的是山東戰場（1）萊蕪戰役，一九四七年一月，李仙洲指揮三個軍的兵力，進入萊蕪、新泰，共軍避實擊虛，伺機進攻，各個擊破。師長田君健被擊斃，李和軍長韓濬等被俘。（2）

濟南之役：陳毅率野戰軍優勢兵力對濟南發動攻擊，戰事激烈，而吳文化率八十四師投共，致濟南失守，省主席王耀武被俘，山東全陷。另一是太原保衛戰：共軍向太原總攻七次，皆未得逞，最後，由彭德懷任總指揮，率六十萬絕對優勢兵力四面進攻，守軍不支終被攻陷。三十軍軍長戴炳南，代省主席梁敦厚等壯烈成仁。

㈣長江以南的戰役：一九四九年四月，共軍突破長江防線，過江的已多達三十萬人，四月二十三日，南京被攻佔，京滬衛戍總司令湯恩伯迅即緊縮防線，集中陸海空三軍保衛大上海。五月二十五日，共軍突破蘇州河防線，佔浦東、高橋。二十六日，復佔寶山、吳淞。二十七日，上海淪陷。

華中長官白崇禧負責長江中游及華中大部地區，正當共軍近迫武漢時，第十九兵團司令張軫率部隊投共，接著長沙綏靖公署主任程潛及第一兵團司令陳明仁一起投共，華中已難收拾矣。胡宗南將軍長期駐在西安，擴充軍隊，統轄四十五萬人，養精蓄銳，志在封鎖共軍。一九四七年八月，胡部劉戡等在陝西宜川遭共軍包圍被殲四萬餘人。一九四九年四月，山西太原陷落，形勢不利，胡放棄西安，退至鳳陽、秦嶺，同馬鴻奎、馬步芳聯合與共軍作戰失敗，又損失四、五萬人。接著撤至四川時，第七兵團司令裴昌會，第十八兵團司令李振投共，第五兵團又被共軍擊潰。司令李文及所部五萬餘人均被俘。胡宗南集團就此結束。其後，川湘鄂三省邊區綏靖主任宋希濂兵敗被俘，川康軍頭鄧錫侯、劉文輝、潘文華與雲南省主席盧漢投共，西南盡失。一九四九年十月二日，共軍佔江西吉安，贛州，跨過大庾嶺，擊敗國軍沈發藻兵團。十月十三日，共軍進佔廣州，大陸遂成赤色天下了。

三、流離生涯

袁愷親見抗戰勝利後國共內戰，不料只有三年左右的歲月，政府竟失去大陸，真不勝感慨。一九四九年十月一日，中共政權成立，北平更名北京，廢除「封建剝削土地所有制」，重新分配土地給無地農民等措施。這種驚天動地的變局，使袁愷受到很大衝擊。袁家是地主，有些田地就要分給農民了，他家原來富裕的生活，即將降為清苦了，而且要遭受清算鬥爭的痛苦。自從一九四九年底辭職回家，時時在想怎樣能夠到自由地區生活。有位朋友到香港寓居，寫信給他，那裡可能有機會找到工作。袁愷於是排除種種困難，於一九五〇年秋到達香港。香港的工商業發達，市區繁榮，生活自由，使他感到是一個新世界。那時期大陸政局驟變，逃到香港的人多達數十萬，因此人浮於事，找工作困難，而且很多人的住宿都有問題。幸好天無絕人之路，這些流亡群眾尋尋覓覓，終於找到一個容身之地，那就是荒僻的調景嶺。他們在這荒涼處所，自力搭起簡陋的小泥屋、碎磚房、茅草房、竹籬房等遮蔽風雨，夜晚在這裡落腳，白天到各種場所打工，賺取微薄的工資糊口。但有時工作無著，有時工作停頓，便陷入生活的困境。這些流亡群眾的苦難景像，逐漸引起社會各界的注意，於是有些慈善機構對他們施予援手，贈送救濟麵包和飯菜，使這些難民可以苟延殘喘下去。

袁愷在香港朋友家住了三個多月，沒有找到工作，後來得知，調景嶺流亡群眾的生活點滴，袁愷於是到那裡探看。他運氣真好，湊巧遇到中正大學的同學楊平，告他調景嶺有中大同學七八個，目前正與台灣那邊的校友聯絡，託辦到台灣的入境證，相信不久當可分曉。袁大喜過望，遂欣然加入他們的陣容，過著竹籬茅舍的生活。

四、台灣歲月

一九五一年三月，袁愷終於到了台灣，暫時住在台中擔任高中老師的同學家中。那時，大陸來台的人數很多，就業空前困難，袁愷只有耐心等待。幸好一九五一年夏，政工幹部學校創立，開始招生，袁認為機會難得，遂去報考，幸獲錄取，是年十月二十三，他到幹校報到入學。這不僅解決了他的生活問題，也對他的前途充滿了希望。

政工幹部學校的創立，是國民黨檢討國共內戰慘敗的教訓，要反攻大陸，必須訓練精粹的部隊，灌輸正確的思想，培養愛國的精神，砥礪革命的氣節。務期官兵明白「為何而戰，為誰而戰」的意義，才能建立忠勇堅強的軍隊，擔當反共復國的任務。因此蔣總統命他兒子當時任國防部總政治部主任的蔣經國設立政工幹部學校，培養忠貞專業的政工幹部，負責軍中的思想教育，於一九五一年八月二十七日分區招生。

政工幹部學校（後改稱政治作戰學校）文武合一的教育，有入伍教育、分科教育、部隊實習等階段課程，有國文、中國通史、政治學、經濟學、心理學、哲學概論、法學概論、國父遺教、領袖思想、共黨理論批判等課目。袁愷對這些課程，學習輕鬆愉快，而對體能訓練，如木馬、雙槓、單槓、爬竿等等往往力不從心，表現不佳。後到部隊實習，瞭解部隊的實際生活，體會官兵訓練的情形，得到不少的經驗。一九五三年四月廿八日畢業，他被派往陸軍部隊任連指導員（後稱輔導長）。

指導員的工作，相當繁重，要瞭解官兵的出身背景和個性，要講解政治課程，喚起官兵反共意識，鼓勵士兵進修讀書，倡導康樂活動等等，事務繁多。袁愷原是富家子弟出身，體格文弱，不堪勞累，幹了五年多，患了胃潰瘍住院開刀，胃割去三分之二，回部隊無力承擔繁重工作，遂申請退伍，離開部隊，回復平民身分了。

袁愷回到平民生活，無官一身輕，自由自在，但食衣住行，非錢不行，他不得不找工作。但社會人浮於事，工作難找，他困頓了一段日子，後得一位朋友推介，一九五九年，進入銓敘部工作，他在大陸有公務員的經歷，故得以專員任用，於是在景美租寓居住，度其安定的生活。

一九六四年，他得到陳琮先生推介，轉到財政部任財稅督導小組督導員。財政部福利較多，他積蓄了一些款項。他想匯款給大陸的親屬，但當時國共隔海對峙，互不往來，政府禁止通航、通郵、通商，他只好寫信給美國的友人轉寄老家，兩個月後接到轉來的家信，他如獲珍寶，喜悅萬分，得知他母親身體還好。時值文化大革命時期，生活艱苦，希望能匯寄些錢，可以買些營養食物，滋補身體。袁素孝順，立即匯款給美國的友人轉寄給他母親。

三個月後，警備總部約他去談話，怎麼違反禁令與大陸通信？袁說：我國傳統是講倫理的，兒子在台灣寄錢給母親一點生活費，難道也犯法嗎？警總人員見他說得合情合理，未予苛責，只囑他儘量少寄大陸的信，更不可張揚出去。

一九六九年，財政部成立研究發展考核處，袁調升該處第三科科長。他健康還好，有友人提議，應找個對象成家，不能老是過單身寂寞日子。他說：姻緣可遇而不可求，人海茫茫，那裡去找適合的對象。於是朋友介紹他去相親，他抱著隨緣的心理前去試試。

他去相親了幾次，第一次是外省籍的寡婦，三十五、六歲，北方人，談吐爽朗，印象不錯，但她有三個小孩，存在著很大的累贅，因而作罷。第二次是廿九歲的小姐，身材苗條，皮膚白淨，靈動的眼睛，一副聰明相，但與他的年齡差距過大，沒法撮合。第三次是桃園某眷村的一位遺孀，身材壯碩，穿著卻相當花俏，彼此相見都有好感，看來有相當把握，於是約吃豐盛的晚餐，在愉快的氣氛中結束。

這次相親有了成果，雙方同意定期結婚。婚後女方挈來兩男兩女，大出袁的意外。他原想娶一個沒有累贅的女人，誰知竟娶到帶來四個小孩的妻子！幸好這位孀婦前夫遺下一戶眷村房子，可收租金補貼家用，總算差強人意了。兩年後妻子生下一男孩。袁晚年得子，分外高興，有心培養他成材。隔了一年，財政部永和安樂路「安和新村」落成，他買了一戶四房兩廳的房子，結構堅固，採光良好，附近有四號公園，樹木蓊鬱，花草繁茂，並有各種體育設備和演唱場地。這真是理想的環境，他可謂時來運轉天順人願了。

政府退出大陸，固守台灣，其中除了一九五五年元月，共軍攻佔一江山，一九五八年共軍發動砲戰，射擊金門四十四天外，兩岸基本上沒有戰火。隔岸對峙，不相往來，而且政府禁止三通（通航、通商、通郵），因此和大陸親友音訊隔絕，死生別離的痛苦，在台灣的遊子心中揮之不去。然而時代在變，潮流在變，一九八七年底，政府開放民眾可以到大陸探親，袁感到特別高興。一九九〇年春，他攜款和若干禮物，經香港轉機返回故鄉，和他久別的妻子兒孫團聚，重享天倫之樂。家鄉的孫子，比他台灣的兒子還大五歲，在讀高中三年級，準備升讀大學。他表示如能考取，學什費由他負責供應，兒子們一家聽了，都充滿了歡喜，孫子說，他一定會用功讀書，不負爺爺的期望。

袁愷趁此返鄉探親機會，往遊南昌、漢口、廣州等地。大陸自一九七八年採取改革開放政策，各方的經濟建設，有很多成就，他覺得兩岸都在不斷進步，如果從此能放棄對立鬥爭，一起為中國前途努力奮鬥，中國定會很快的富強起來。深惜國共兩黨當初不能求同化異，互相敵對，終於擴大內戰，造成國人喪失了數百萬生命和無數的財產損失，斲傷國家元氣，延滯社會進展，思之不勝感慨。迄今兩岸對立的形勢，還未結束，凡是愛國的炎黃子孫，應該深自檢討，把握時機努力促進兩岸融合的工作，早日達成和平統一振興國家的目的。

積極奮鬥的韓維信

韓維信，山東人，一九五六年夏到裝甲兵砲三營任助理營指導員。我政工幹校畢業派在砲三營第九連服務甫二年左右，暫調營部承辦組織業務，和他同一辦公室同一寢室，因而零餘時間，常有聊天的機會。他很好學，常聽英語課程，有次他說以前有一位同鄉，談話中不時引用其在軍事學校受訓的講義內容，當作金科玉律，令他感到好笑。我對他講，記得一本書上有這樣的話，「不要和只讀過一本書的人討論問題」，因為他不知，「天外有天，人上有人」。韓笑起來說，你說得對！於是我倆似乎有了共識，常常談談讀書的心得，談談人生的見解，頗有知音之感。

一年多後，他調師部教官組，擔任政治課教官，於是努力研讀相關的書籍，準備教學之用，他還向我借錢穆著的國史大綱作為參考。後來他調政治處第一科科員，與另一科員楊壽亭同事，兩人都很積極，甚得科長劉顯琦的賞識。韓簽發公文，要求部屬官兵研讀古文名篇，以增進古典文學的修養，而在那時部隊的讀書風氣淡薄，可為曲高和寡。一九五九年，他調升為裝步第三營營指導員，下屬曹鴻慶、蔡昌璉、宗炎順等三位連指都是幹校三期同學，幹勁十足，合作良好，因此該營的政治工作充滿朝氣。

幾年後他得到前科長劉顯琦任陸總部政治部副處長的協助，推荐他到指參學校受訓，結訓後分發到特種部隊任中校政戰輔導長。特種部隊幹部必須受跳傘訓練，韓雖是魁梧的山東大漢，但空中跳傘的驚險，卻使他畏懼膽怯，不肯去接受這種嚴格的考驗。於是只有放棄中校職缺，調衛勤學校少校政治教官。學校教育工作單純，生活規律，較部隊的緊張訓練輕鬆多了。誰知這裡還有意外的收穫，校中有位雇員劉小姐，與他山東同鄉，二十幾歲，亭亭玉立，小姑獨處，兩人有緣，很快就產生情感，成為攜手偕行，一起遊樂的伴侶，真是塞翁失馬，安知非福哩！

後來他歷任復興高中、基隆高中軍訓教官，他和劉小姐都去就讀北市金華街的淡江大學夜間部。韓讀公共行政系，劉讀中文系，五年同校的夜間部讀書生活，更增進了他倆的愛情熱度，終於走上紅地毯，達成永浴愛河的目的。

他從軍訓教官辦理退伍，如今有了家庭，須有擔當的責任，於是想出去創業之路。他利用退伍資金，開辦一個小型企業。但他缺乏商業經驗，又欠缺商業方面的人脈關係，業務拓展不開，轉眼資金虧蝕，只好急速收攤了。

他在家中待了一段日子，經人引荐到景美的私立滬江高中任英語教師。任課期間，才知英語教學並不簡單，學生提出的問題要能圓滿的解答，韓不是英語系出身，自然還達不到得心應手的火候，故想另找出路，才是上策。後承一位山東的鄉親引荐，任總統府機要科科員，兩年後調到陽明山的「陽明書屋」管理圖書。

陽明書屋是總統府的書庫，由大陸撤退帶來的書籍和文件資料，堆積如山，歷任管理員只負責保管，不使流失而已，一直無人予以整理。韓認為這樣的書庫，不加利用，實在可惜，於是決心將它整理，經過將近一年的時間，將圖書分門別類，編成目錄索引，井然有序，一索即得，對借閱者極為方便。他的長官看到韓辛勤努力的成績，大為讚賞，並為他記了一功。

他經過整理圖書的啟發，開始對古典書籍引起興趣。於是研讀史記、資治通鑑等史學名著。這些書的文字相當古奧，沒有受過文史的訓練，理解不易。他耐心細看註解，咀嚼體會，終於對這些典籍，有了較多的瞭解，獲得不少的心得。

韓個性比較內向，自尊心強，不大從事社交。鍾兆民是他的山東老鄉，一起從軍到台灣來的軍中伙伴。鍾後考政工幹部學校第三期畢業，又去讀文化學院（文化大學前身），再到美國留學取得碩士，在行政院秘書處任專門委員。他倆雖相識很早，卻很少來往。八十年代韓在總統府機要科，我在財政部秘書室，與行政院幹校三期同學鍾兆民在工作上常有聯繫。我有一次約他倆聚餐，以後一段時期，三人輪流作東聚餐，有了更多溝通意見的機會。在宴席閒談中，自然而然流露各人的氣概抱負。韓積極進取，鍾恬淡人生。

韓幹到專門委員退休，自一九八七年政府開放民眾可到大陸探親，返鄉的人們不絕於道。韓離家四十多年，於是也和其他返鄉的一樣帶了財物回山東老家，分贈親友。當地政府還設宴款待，很有風光。他小時同學看他衣錦榮歸，不免艷羨。有一位對他說：「你運氣真好，到台灣成家立業回來，才有這番風光！」他那裡知道，韓在軍中受軍事教育和進大學讀書的奮鬥的經歷，才有今天的身份。

四十多年和家鄉分離的情境，歲月如流，音訊不通，恍如隔世。如今重臨故里，江山無恙，遊子欣喜，興起應該對鄉土回饋的意念。於是在故里造一所房子，自己返里時可以住宿，自己在外時，供弟弟使用，這是一舉兩得的事，原意甚好。後來不料弟弟卻不知足，認為其兄回大陸的日子很少，產權用他的名字較為落實，韓堅持房子是自己出錢興建，怎能沒有產權？這一層兄弟卻起了尷尬，人生常是難得完滿的。

世事茫茫難料，人生禍福無常，韓身體強壯，又注重運動，平日對健康頗有自信。那知在九十年前後，張口結舌，咿咿啞啞，說不出清楚的話。我去造訪他時，只好以筆代口，傳達意見。他原本高大壯碩，如今身體萎縮了不少，走路也漸漸不穩，雖經著名的榮民總院、台大醫院診治，始終不見起色。醫生說是「漸凍人」的病症，不易治癒的。

九十三年夏，我小兒文華研究所畢業，我特地設宴誌慶，同時邀請韓維信伉儷蒞臨參與，因他行動不便，我特地宴席選在他家附近的餐廳。看他披著夾克，蹣跚緩緩地來了，他太太有事料理，稍後才到。我獲知他太太要處理家務，無法全面照顧他，於是用書面建議，請一外勞專門照護。他回答收入有限，需要節約開支，他倆夫妻相知相惜，恩愛非常，他要儘量留下給他妻子將來足夠的生活費。

九十五年五月，我將自著的「文學的心路」郵寄給他，他讀後大為欣賞，感到好友著書「與有榮焉」，欣喜向他的老長官推介，於是寫一封信，請他妻子攜書及函件，親送當時任退輔會副會長的田汝璋中將惠閱。田將軍很快親筆回他一信，他立即影印一份專函寄給我，他對我作品的重視和揄揚，令我十分感動。

那年秋初，我和他的多年友人賀劍泉同去他家看他。他神情愉悅，我們用筆談交換意見，他似乎已知所生的病無望，知我歡喜看書，勉力要我和他同到樓上看其書架上的書，可選取帶去。我自己的書已蒐集很多，實不需要，但為了不辜負他的好意，我取了革命元老鄒魯著的一本文集。臨別時，他夫婦送我倆到門口，我們揮手道別。人生有涯，去日苦多，希望他此病有解，能夠延長生命的歲月！

誰知再過兩年，他就離開人世了！

二〇一五、六、三十　新北市

輯四　教育探索

管窺中國傳統教育思想與造就賢傑群像

——兼述台灣近來中學頻生霸凌的管教問題

教育是立國的根本，建國的基礎，我國自古以來的教育，即以道德為中心。孔子是我國教育事業的開創始祖，因此我們談教育思想先從孔子開始。

孔子的為學宗旨是「志於道，據於德，依於仁，游於藝」（論語述而），他教子弟「入則孝，出則悌，泛愛眾而親仁，行有餘力，則以學文」（論語學而），他的人生最高理想是「仁」，仁者己欲立而立人，己欲達而達人（即是忠），己所不欲勿施於人（就是恕），孔子言仁，又常兼言知勇，「知者不惑，仁者不憂，勇者不懼」。孔子論學，主張「毋意、毋必、毋固、毋我」，「學而不思則罔，思而不學則殆」，對於教育對象則有教無類，他教人詩、書、禮、樂、易、春秋，文、行、忠、信。弟子有三千人，身通六藝者有七十二人。自漢代罷黜百家，獨尊儒術，孔子遂成為教育的宗師。

孟子受業於孔子之孫子思（孔伋）的門人，自稱孔子的私淑弟子，他主張性善論。人生下來就有惻隱之心、羞惡之心、辭讓之心、是非之心。他將這四端進一步發展成仁義禮智的四種道德，人人皆可以為善，人人皆可以為堯舜。孟子認為一個有理想的人，應當有聞過則喜，過則勿憚改。孟子主張仁義，但生命與道德發生矛盾時，應捨生取義。君子以「仁」存心，以「禮」存心，士窮不失義，達不離道，得志澤加於民，不得志修身見於世，也就是「窮則獨善其身，達則兼善天下」。

孟子重視人倫（人倫就是父子有親，君臣有義，夫婦有別，長幼有序，朋友有信），教育人倫是維持社會秩序的規範，中國數千年能夠保持社會的安定生活，能夠崇禮尚義，敦親睦族，這應歸功倫理教育的功效。

荀子的思想學說亦是繼承孔子而來，與孟子並稱儒家的大師，但與孟子主張性善論相反，主張性惡論。他說「今人之性，生而有好利焉，順是故爭奪生而辭讓亡焉，生而有嫉惡焉，順是故殘賊生而忠信亡焉，生而有耳目之欲，有好聲色焉，順是故淫亂生而禮義文理亡焉」，這是荀子性惡論的理論根據。人性既惡，要使他成為善，需要經過長期的教育才成，荀子云：「木就繩則直，金就礪則利，千越夷貉之子，生而同聲，長而異俗，教使之然也」，由此可見文化教育的重要。於是他主張居必擇鄉，游必就士，以防邪僻習染，務必使人走上正確的道路。

孔子以後的儒家，孟荀兩派各有優點，互見短長，但孟子的仁義主張理想過高，在社會的複雜環境不易實施，荀子正視社會的現實面，針對各人品格上的缺點，補偏救弊，注重培養德操，而教師的地位作用顯得十分重要。他說「國將興，必貴師而重傅；國將衰，必賤師而輕傅」，荀子重視教師的地位，使社會上敬師重道，才能春風化雨，提高學生的品格，轉移社會的風氣，進而達到國家的興盛。

漢武帝實施罷黜百家，獨尊儒術的政策，使天下的讀書人，都在儒學的範疇中研讀力行，圖取功名富貴。漢初的禮記中的一篇「學記」，對教育就有相當明達的見解，「學記」提出了師嚴道尊的思想，可謂發聾啟聵，其中提到「凡學之道，嚴師為難，師嚴然後道尊，道尊然後民知敬學」，這是我國古代教育提倡嚴師和尊師的先聲。

董仲舒，西漢廣川人，武帝即位時，他以賢良對策，主張推明孔氏，罷黜百家，武帝採納，於是儒家取得了正統地位。董仲舒倡天人合一，三綱五常之說，認為天道決定人事人性，而人性人事可以感知天道。他提出教育須化民成性，教育不在知識學問，而在人倫道德之教化。董的教化指的是六經的教材，詩、書，序其志，禮、樂，純其美，易、春秋，明其知。董提出「正其誼不謀其利，明其道不計其功」，強調道德的重要價值觀念，而為後世贊揚服膺的名言。

東漢王充，青年時拜班彪為師，喜博覽群書，閉門著述，絕慶弔之禮，戶牖牆壁各置刀筆，一面教授生徒，一面從事著書立說。他主要的著作「論衡」，其中說：「治國之道，所養有二，一曰養德，二曰養力，養德者養名高之人，以示能敬賢；養力者，養氣力之士，以明能用兵，此所謂文武張說，德力具足者也。」王充認為道德和力量各有其功用，兩者應該並重而不可偏廢。他認為賢人，一是要為事（為社會服務）為國（為國家盡力），二是要有善心、善言、善行，這對後世從政人員是很好的箴言。

南北朝時期，儒佛道相互影响，顏子推聰明穎悟，家學淵源。他博覽群書，兼善文字，著「顏氏家訓」行世。此書貫穿六藝，寓意精微，委婉世情，凡立身處世之宜，為學之方，都有深切的見解。後人譽此書篇篇藥石，言言龜鑑，凡為人子弟，應奉為明訓。子推認為子女應及早教育，嚴格管教，不可溺愛，以致養成暴慢的習性，又謂讀書要專心致志，注重經世致用，才能有益人生。

唐代文教大行，詩人文士極盛，其代表性人物韓愈，文起八代之衰，反對佛教，維護儒家道統，復興六經之學，極有貢獻。他提倡文以載道，文是手段，道是目的，把古文當作載道的工具。他的文章如長江大河，渾浩流轉，語言簡約，而文字奇崛，興起了一代的文風。

韓愈提倡師道，他說：師者所以傳道授業解惑也（師說），所謂傳道就是要傳授孔孟的儒家之道，他對後進學生提示說：「業精於勤，荒於嬉，行成於思，毀於隨（因循隨俗）」，這是說，學業要勤勉才能進步，德行要慎思明辨，才能成就事業。韓愈認為求學要廣博，不妨貪多務得，細大不捐，作文要閎中肆外，氣盛言宜，詞必己出，不可因襲前人的窠臼。韓門弟子李翺、張藉、皇甫湜等學愈的文章，各有特色，也擴大了韓文的影响。

朱熹是儒家思想發展的重要人物，他繼承二程（程灝程頤）理事體用一源的理論，為學主敬以立其本，窮理以致其知，反躬以踐其實，而以主敬為入手工夫。認為聖賢教人，只是要誠意、正心、修身、齊家、治國、平天下。他說：「為學之道，莫先於窮理，窮理之要，必在於讀書」，因此他將大學、中庸、論語、孟子及其注釋合編為「四書章句集註」，作為進學修養的重要課程。此書眾口交譽，遂風行天下。他到處講學，言論懇切，聞者感動，門人弟子雲集，竟達千人之眾，可以想見當時的盛況。此外日本、朝鮮（南北韓）、越南等國都努力學習他的著作。前北大校長蔡元培先生云：「宋之有朱熹，猶周有孔子，皆吾族道德之集成者也」。足見朱熹學術思想的偉大崇高。

王陽明，他是明代思想界的代表人物，他曾平息農民暴動及寧王朱宸濠的反叛，當時人稱他才兼文武，並有奇智大勇。他早就授徒講學，努力教育事業，及至他被貶到貴州龍場驛丞，忽中夜大悟格物致知之理，不覺呼躍而起，始知吾性自足，向之求理於事物者誤也。從此建立「知行合一」「致良知」的學說。王陽明說，知是行的主意，行是知的工夫，知是行之始，行是知之成，真正的知是包括行的，真正的行是包括知的，所以說是知行合一。

王陽明晚年提出「致良知」之說，指出「孟子所謂是非之心人皆有之，是非之心不待慮而知，不待學而能，故謂之『良知』，『致良知』就是把自己的良知充分地貫徹到底，不要有一絲一毫的欺騙，這樣就可成為一個有道德的人。」

王陽明的學說曾大為盛行，門人弟子遍及全國，各處建有祠堂、書院，講習「知行合一」「致良知」之理，影響很大。日本亦研習王陽明的知行合一的哲學思想，對其明治維新，及後來國力強大，也有很大的激勵之功。

我國自孔子到王陽明的教育思想，都是以道德為中心的人格教育。大學「格物、致知、誠意、正心、修身、齊家、治國、平天下」，正是一個人由內及外的修養工夫，得志則澤加於民（為民服務），不得志則修身養性，這正是「窮則獨善其身，達則兼善天下」的士人懷抱。二千多年來，傳承儒學教育培養出來的傑出人物不可勝數，讀書人「學而優則仕」，仕不達或不願從政者則隱。茲將「仕」與「隱」兩者著名的代表性人物簡述於後：

一、仕人

1. **蘇武嚙雪吞氈**：蘇武於漢武帝時出使匈奴，單于逼降不從，迫其北海牧羊，嚙雪吞氈十九年，始終持著漢節不屈。昭帝時與匈奴和親，方得回國，壯年出使，歸時鬚髮盡白。

2. **楊震夜拒贈金**：楊震任荊州刺史時，王密為昌邑令，夜懷金十斤贈震，曰：「暮夜無知者」，震道：「天知、地知、你知、我知，何謂無知」，拒之不收。楊之廉潔風範，流傳千古。

3. **諸葛亮鞠躬盡瘁：**亮字孔明，劉備三顧草廬，邀他出山相助，他感其意誠，允願馳驅。於是運籌帷幄，聯吳拒魏，造成三國鼎峙之勢。對內循名責實，勵精圖治，對外親率兵七擒蠻王孟獲予以收服，六出祁山伐魏，謀復中原，夙夜匪懈，鞠躬盡瘁。建興十二年病卒於軍，蜀之公卿大夫及百姓皆深深哀悼，懷念不已。

4. **顏真卿剛正立朝：**顏博學，工詞章，善正草書，其字「點如墜石，畫如夏雲，鈎如屈金，戈如發弩」，為著名書法家。安祿山反，起兵討賊，河北諸郡推為盟主，代宗立，封魯郡公。李希烈叛，前往招撫，被囚迫降不屈遭殺，卒謚文忠。

5. **張巡死守睢陽：**張巡，開元進士，安祿山反，張起兵討伐，與許遠共守睢陽。叛軍南下，圍城八個多月。巡以湊集未經訓練之部眾，阻擋多達十數倍之叛軍，使其不能越過睢陽取得江淮，這是遏阻叛軍的重要關鍵。當城中糧食將盡，南霽雲奉命突圍向賀蘭進明請速派兵救援，而賀忌張巡聲威，坐視不救，致糧盡援絕，城破被俘不屈，罵賊而死。巡之功烈，令人敬仰。

6. **范仲淹以天下爲己任：**范仲淹，蘇州吳縣人，自幼貧苦力學，深通六經，尚風節、主清議。西夏元昊反，仲淹自請守邊，號令嚴明，愛撫士卒，夏人不敢進犯。後進參知政事（副相）力主改革政治，因反對者眾，外放任青州知府（長官）。他生平以天下為己任，注意地方教育，造就人材，自身生活儉樸，而好救濟貧困，創置義莊，以贍養族人，汎愛樂善，愛護青年，由是門下士人很多。四方民眾皆知其名字，可見其聲聞之廣。年六十四卒，贈兵部尚書，謚文正。

7. 文天祥成仁取義：文天祥，江西吉水人，宋理宗時，舉進士，任贛州知府。元兵入侵，天祥應詔勤王，拜右丞相，奉使入元軍議和被執，至鎮江夜遁，輾轉至溫州、福州。都督江西時為元兵所敗，退走循州、潮陽，又為元將張宏範部隊俘獲，送至燕京幽囚三年，嚴拒勸降。獄中作正氣歌，臨刑前其衣帶中並有贊曰：「孔曰成仁，孟曰取義，惟其義盡，所以仁至，讀聖賢書，所學何事？而今而後，庶幾無愧。」元世祖稱其為真男子。

8. 史可法身殉揚州：史可法少以孝聞，桐城左光斗（御史）見其文，即許為國士，二十五歲成進士。流寇李自成進犯燕京，可法興師勤王，號召忠義力謀恢復，清兵南下，可法率部眾三千守揚州。他領導部隊，行不張蓋，食不重味，夏不執扇，冬不衣裘，寢不解衣，為人廉信，能與部下艱苦與共，故能得士卒死力。但因敵對兵力眾寡懸殊，苦戰數日，城陷殉難，吏民殉死者眾多，屍骸不可辨識，家人以衣冠招魂葬於揚州城外之梅花嶺。自古忠臣義士，很少像史可法這樣的慘烈。

二、隱 士

1.**嚴子陵不仕歸隱**：嚴子陵，名嚴光，字子陵，東漢餘姚人。少與光武同學，及光武即帝位，隱居不仕，避與人往來。帝思其賢，尋覓得之，除(任)諫議大夫，堅持不就，歸隱富春山，耕釣以終。後人譽之云：「子陵之心，出乎日月之上；光武之量，包乎天地之外」，他的崇高人格，可以轉移社會的風氣，促使「貪夫廉，懦夫立」，令人欽敬。

2.**管寧之高風亮節**：管寧，字幼安，三國魏朱虛人，篤志於學。漢末黃巾作亂，避難遼東，民眾隨他而去的很多，因此，所住地區成為市鎮。他教授詩書，提倡禮讓，民眾受其感化，鬪訟平息，四鄰和睦。亂平後返鄉，朝廷屢次邀他作官都堅決辭卻，他的高風亮節，得到舉世的敬仰。

3.**陶淵明隱居田園**：陶淵明，字潛，東晉大司馬陶侃之曾孫。閑靜少言，不慕榮利，他好讀書，學識淵博，雅擅詩文。曾任彭澤令八十餘日，因不願束帶去見督郵，辭歸鄉里，以詩酒自遣。時或無酒，而吟詠不輟，開卷有得，便欣然忘食，見樹木交蔭，時鳥變聲，便感到喜樂。他和家人務農自給，不以躬耕為恥，不以無財為病，樂天安分，過著悠然自得的生活。他的詩文樸素自然，真切生動，被稱為隱逸詩人之宗。

中國承續儒家的教育傳統，造就了得志則澤加於民，不得至則修身見於世的賢傑人物。自西風東漸，國外的思潮不斷輸入，學校已不限於經史子集等學科，因此，儒學無法獨尊。尤其五四運動，主張打倒孔家店的反儒傳統，和反倫理的非孝等言論興起，對教育方面的衝擊很大。加以工商業興起，社會結構轉型，學校教師已失去管教權，致近來台灣學校頻頻發生問題，茲舉出幾個例如下：

（1）99.12.8，桃園八德國中學生發生口角，多位教師前往處理，竟遭推擠恐嚇，幾乎被打的集體霸凌事件。

（2）有一國中女生被剝光衣服，打得鼻孔流血，右耳可能失聰。

（3）另有一國中學生長期遭受霸凌，無法忍受，以致輟學。

（4）98.06.16，新竹一名孝順的青年在海濱，被五名青少年圍毆致死。

（5）98.05，台北縣兩個青少年，性侵網友並殺人棄屍。

這些悖逆反常的殘暴行為，這些沒有惻隱之心和是非之心的事實，難道他們都已沒有傳統倫理道德的觀念？難道我們的公民教育，都沒有發生作用？冰凍三尺，非一日之寒。我想上述發生的所謂霸凌事件，大概有下面的幾項因素：

1.工商業興起，社會經濟轉型，教師只是一種職業，與社會上一般的職工一樣，沒有以前得到大眾敬重的身份。

2.教師缺少了管教權，當今提倡校園民主，零體罰，零處罰，零懲罰的呼聲四起，使老師動彈不得，遇到頑劣的學生，不論個人頂撞或結幫挑釁，老師皆束手無策，無力處理（設想西遊記中唐僧沒有緊箍咒，能管得了孫悟空嗎？）

3.以前的父母，希望老師嚴格管教自己的小孩，現在則寵孩子無微不至，造成是非不分，無法無天，一旦聽到孩子片面的訴說委屈，便去向老師興師問罪，而且往往不願接受老師的合理解釋！

4.社會各級民意代表，為了討好民眾常常不當干涉學校的舉措，使學校的獨立性受到影响。

5.電視電影網路新聞廣播，常有負面消息或殘暴畫面，有害青少年的心理健康。當今老師，已經沒有往昔學生程門（程頤）立雪的虔敬心態，也無朱熹那樣子弟群聚聽講的感動情況，尊師的時代不再，管教權相繼流失，我們的教育要怎樣辦理，才能走上正途呢？我認為近來教育方面發生的問題很多，青少年不斷出現的霸凌事件，其根本原因，是道德倫理的流失。如果一個人沒有道德觀念，沒有倫理孝悌的習性，他腦海中充滿「唯我獨尊、無法無天、只要我喜歡有什麼不可以」等錯誤思想，怎麼不會做出傷天害理的事來呢？我們要正本清源，首先要加強品德教育，大力提倡四維八德的道德修養，「禮義廉恥，國之四維，四維不張，國乃滅亡」這是歷史的經驗法則，故傳統的道德倫理，關係國家的興亡、社會的治亂、民眾的禍福，絕對不可放棄。因此，我們應繼承教育的優良傳統，養成尊師重道，長幼有序的倫理規範，這樣才能培養為國為民照耀千秋的豪傑。

傳統著名人物的家訓與現代家庭的演變

當今社會受西方文化的價值與觀念不斷侵襲，反對傳統的倫理道德，致孝道衰落，於是有問題的家庭越來越多。九五年十月二五日聯合報載「板橋市陳姓男子不滿他父親賣掉休旅車，採購小轎車，砸破玻璃窗、書櫃、櫥櫃，並毆打父母成傷，直到父親跪地求饒才罷手，鄰居看不下去，報警處理。」又九五年十二月十九日聯合報載「台北縣泰山鄉一李姓男子沒有工作，游手好閒，而愛賭博，昨（十八）日清晨，與他父親爭執，涉嫌持菜刀砍傷父親、繼母及同父異母的弟弟三人」。社會上這種逆倫、弑親、殺妻、害夫、棄子、爭財、竊盜等事件，層出不窮，眼見家庭傳統的祥和面臨挑戰。家是具有傳家、教育、經濟、溫情、互助的功能，對於青少年的人格塑造關係極大，因此家庭教育，十分重要。現代是工商業發達的社會，家庭成員接觸面寬廣，工作上、經濟上、獨立性、自主性的空間擴大，依賴父母的需要減低；而家庭教導方面也有偏失的因素，有的限於自身的學識條件，教育子女的功能有限；有的則因本身的工作繁重，無暇訓誨子女，於是有些子女缺乏良好的教養，因而縱情任性，行為越軌，形成社會的問題。「子不教，父之過」，子女的成材與否，父母是脫不了關係的。我們回顧歷史，覺得傳統的家訓有其不可磨滅的價值，茲檢點著名人物的訓子誡言，值得吾人省思學習者撮述如下：

一、**鄭玄**：東漢大經學家，屢蒙徵召，皆不就。孔融為北海相，尊其鄉名「鄭公鄉」，為廣開門衢，號為「通德門」，高風亮節，朝野敬仰。玄晚年作書誡其子益恩有云：「其勖求君子之道，研鑽勿替，敬慎威儀，以進有德，顯譽成於僚友，德行立於己志，若致聲稱，亦有榮於所生。」鄭玄本身德行高潔，他致書其子，期望成為有道的君子，可謂語重心長。

二、**諸葛亮**：自比管仲、樂毅，輔佐劉備，得成魏蜀吳天下三分之局，策為丞相。為人謹慎，長於巧思。其誡子書云：「夫君子之行，靜以修身，儉以養德，非淡泊無以明志，非寧靜無以致遠，夫學須靜也，才須學也，非學無以廣才，非志無以成學。」指出修身、養德、明志、致遠的努力做法，「淡泊以明志，寧靜以致遠」，這兩句話遂成後世的格言。

三、**王祥：**晉臨沂人，事繼母有孝行，並有剖冰求鯉故事傳稱於世，累官大司農，拜太保。其訓子書云：「夫言行可覆，信之至也，推美引過，德之至也，揚名顯親，孝之至也，兄弟怡怡，宗族欣欣，悌之至也，臨財莫過於讓，此五者立身之本。」他指出信、德、孝、悌、讓五者為做人處事的準則，這在今天的社會，仍不失為高尚的道德行為。

四、**羊祜：**晉南城人，累官尚書左僕射，都督荊州諸軍事。當在軍時，常輕裘緩帶，身不披甲，與吳將陸抗對峙，務修德業，吳人懷之，為之立碑。其誡子書云：「恭為德首，慎為行基，願汝等言則忠信，行則篤敬，無口評人之才，無傳不經之談，無聽毀譽之語。聞人之過，耳可得受，口不得宣，思而後動。若言行無信，身受大謗，自入刑論，豈復惜汝，恥及祖考，思乃父言，纂乃父教，各諷誦之。」羊祜誡子特別重視言忠信、行篤敬的品德，殷切叮嚀，毋忘父教。

五、**顏之推：**北朝臨沂人，初仕梁，為湘東王參軍，後入北齊，任中書舍人。博覽群書，文字優長。他身處亂世，見聞感慨很多，乃將所悟見解，著成家訓二十篇行世，其中有云：「是以與善人交，如入芝蘭之室，久而自芳也；與惡人交，如入鮑魚之肆，久而自臭也，墨子悲於染絲，是之謂也，君之必慎交遊焉。」之推特別指出交友影響行為的好壞，不可不慎。顏氏家訓包括教子、兄弟、治家、風操、慕賢、勉學、文章、名實、涉務、省事、止足、誡兵、養生、歸心、書證、音辭等二十篇，可謂體大思精，不愧家訓著作中的翹楚，影響深遠。王鉞讚此書「篇篇藥石，言言龜鑑」，當是定評。

六、孫奇逢：明容城人，學者稱夏峰先生，年十七，舉萬曆鄉試。與左光斗、魏大中相尚以氣節，自明至清前後十一徵不起。學本陸王而兼程朱之旨，以慎獨為宗，其治身務自刻勵，平易處人，著有四書近指，讀易大指等著作。其孝友堂家訓云：「安貧以存士節，寡營以養廉恥，潔室以安先靈，齋躬以承祭祀，既翕以協兄弟，好合以樂妻孥，擇德以結婚姻，和睦以聯宗黨，隆師以教子孫，勿欺以交朋友，正色以對賢豪，含洪以對橫逆，安分以無釁隙，謹言以度風波，暗修以淡聲聞，好求以擇趨避，克勤以絕耽樂之蠹己，在儉以辨飢渴之害心。」奇逢的家訓內容，涵蓋修身、進德、安分、勤儉等方面，要求後人實踐，這正是程朱陸王理學思想的人格修養。

七、曾國藩：湖南湘鄉人，道光十八年進士，官至禮部侍郎，奉命剿平太平天國，歷官直隸，兩江總督，為同治中興第一功臣。其致兩子紀澤、紀鴻書云：「吾教子弟，不離八本，三致祥，八者曰讀古書以訓詁為本，作詩文以聲調為本，養親以得歡心為本，養生以少惱怒為本，立身以不妄語為本，治家以不晏起為本，居官以不要錢為本，行軍以不擾民為本。三致祥：曰孝致祥，勤致祥，恕致祥。」曾氏立德、立功、立言三皆不朽，其事業震古鑠今，識者推為近代最卓越人物，而其教子八本，三致祥之說，確是掌握到做人的根本要點。曾國藩寫信甚勤，對他致祖父母、父母、諸弟及兒子等信很多，後人彙為「曾文正公家書」行世。書中包括讀書、做人、做事和做好官、作名將的道理，文情通達，流行不衰。人稱「曾氏以程朱的理學，而行申韓之法，兼有禹墨的勤儉，老莊的淡泊，實為曠古罕見的通才。」確是有識之言。

傳統的家訓，主要傳承中國文化的精神，根據固有道德和作者特有的見解闡述的，希望後代明禮、尚義、進德、樂群、創業、建功、顯親、揚名的，這樣的教訓箴言，自有正面積極的意義。然是從五四新文化運動以來，排斥傳統，反對舊道德，高呼打倒孔家店，追求全盤西化。於是中國文化無法保持本來面目，社會的倫理道德根基動搖，父慈子孝的優良習俗消退，家庭的問題便層出不窮了。

今日家庭的生活形態，和往昔有很大的變化，以往農業時代，一家人日出而作，日入而息，生活在一起，關係密切。現在工商業社會，青少年到學校接受教育，在外的活動多；及後到社會就業謀生，自食其力，經濟獨立，依賴家庭的更少。因此子女對於父母倫理的關係，不是衣食依靠的生活關係，容易造成家人的疏離。

其次，今日社會的知識爆炸，各種資訊傳播迅速，年輕一代往往比上一代吸收得快，吸收得多。子女學會的懂得的知識，常比父母為多，父母不僅不能作子女的先導，反而要聽子女的新知了。於是父母對於子女，缺少古人可以累積的經驗傳承，教子信從，反而有些趕不上時代的腳步，使子女覺得父母落伍，聽不進教訓他的話。

其三、孝道淪落，當今有「模範母親」的提倡表揚，卻無模範子女、孝親模範的提倡表揚，實在偏失，難道當今子女對於父母的養育關係可以漠視不顧嗎？我們果然要「幼吾幼以及人之幼」，但亦應有「老吾老以及人之老」。漢武帝時令郡國舉孝廉（孝謂善事父母者，廉謂清潔有廉隅者），故漢代孝廉之風較盛。北魏孝文帝下令「孝義廉貞，文武應求者，具以名聞」。故那時社會，注重孝道。現代科技日進，社會繁榮，慈幼的教育不斷改善，而孝道倫常任其失落。家人日久相處，豈能盡如人意，調和衝突，化解摩擦，若無家庭的倫理融合維繫，怎能不發生問題？

家庭是人類社會最基本的組織，為一家人生活的中心，教養的基礎，自然應有健全的倫理關係。倫理的關係堅實，骨肉情深，手足情濃，情感才有寄託，家庭方能幸福。新加坡是華人最多的國家，傳承中國傳統文化很深，他的政府將「親愛關係，互敬互重，孝順尊長，忠於承諾，和諧溝通」列為家庭追求的目標。一個健全的家庭，有賴良好的家教、家風、家訓的培養。家中和諧，尊老敬長，由親及疏，家給你照顧，你也照顧家，相生相養，相輔相成，使家成為溫馨的居所。孟子說：「天下之本在國，國之本在家，家之本在身。」因此修身齊家是我們做人的基本要求。

我們現代的文化，雖然不斷演變，但是求新求變，還是離不開悠久的文化傳統。傳統的倫理道德是維繫家庭的支柱，不可不予重視。有的父母對子女，寵愛過份，任其自由行動。加以子女對外的活動頻繁，與父母共同生活的時日減少，於是愛好新奇，追逐時髦，愛到哪裡，就到哪裡，愛幹甚麼，就幹甚麼，「只要我喜歡，有甚麼不可以？」因此慾望越來越高，要求越來越多，而能如願的畢竟有限。於是盜竊、叛逆、弒親、越軌等事件，屢屢發生，震驚社會，令人憂心。荀子云：「今人之性，生而有好利焉，順是故爭奪生而辭讓亡焉；生而有疾（嫉）惡焉，順是故殘賊生而忠信亡焉；生而有耳目之欲，有好聲色焉，順是故淫亂生而禮義文理亡焉。」故對子女不加管教，溺愛放縱，一旦失足，悔之莫及了。

家訓是教子弟做人做事敦品勵行的，父母培養子女成材，協助子女解決困難，鼓勵子女積極進取等，許多父母都會朝這方面努力的。但現代運用書信教訓子女的似乎不多，尤其能言之有物傳之於世的更少！「傅雷家書」大概要算難得的「魯殿靈光」。傅雷寫給兒子傅聰一百多封信中，表達在做人方面，在生活細節方面，在藝術修養方面，在演奏姿態方面，隨處給他兒子種種提示和鞭策，煞費苦心的叮嚀指導，終於使傅聰成為我國第一位蜚聲國際的音樂家，由此可見家訓是多麼重要。

「父慈子孝」「父子有親」，仍然適合今日的社會。父母對子女慈愛，子女對父母孝順，自屬合乎人性，順乎習俗的。以往保守的社會，做父母的一般保持嚴肅的居多，難得與子女打成一片。「紅樓夢」裡的賈政對他兒子寶玉的管教甚嚴；曾國藩的祖父、父親治家的規矩極嚴，這樣的父子倫理談不上親近親密的關係，這是「父子之嚴，不可以狎」的傳統使然。民國以來，受西化思潮影響，情形漸漸改善。有些父親，對待子女和顏悅色，喜愛孩子，愛跟孩子玩。父親拉胡琴，兒子伴唱，兒子交女友，父親幫著出主意。抽煙、喝酒，彼此共享，像知交，像兄弟，這樣的父親真是做到「父子有親」的新作風，「別有天地」了。父母對於子女，要看得開，想得通，要能知己知彼，充分溝通，凡事要以身作則，舉止端莊，注意整潔，遵守秩序，待人禮貌，子女有樣學樣，自會收到潛移默化的效果。

時代在變，潮流在變，但德、智、體、群、美的五育總不可少，而禮義廉恥做人的基本品德應屬必要。英國陸克說：「要養成德性，比獲得知識要更難。如果青年失去了德性，就很難有救藥了。」法國孟德斯鳩說：「品德應該高尚些，處事應該坦率些，舉止應該禮貌些。」可見品德教育，不論中外都是十分重視的。因此我們要擷取前賢的家訓箴言，正視現代的潮流，斟酌損害，教導子女追求人生的理想美景，使其成為德行健全的人物。

中文的遞變簡化隨著國力上升湧向世界

文字是人類文明社會進化最基本的工具，有了文字，人類的經驗才能夠傳承下來，發揚光大。現在中國的國力上升，於是中國文字被各國重視，遂迅速擴及世界。吾人回顧既往，瞻望未來，自然應該瞭解中文的演變和影響。

一、中國文字的淵源

中國是文明古國，中國文字從甲骨文、銅器銘文等考證，已有三千多年的歷史。甲骨文在隋唐時代就有出土，但未為人注意，一八九九年，國子監祭酒王懿榮在甲骨上發現文字，於是從事蒐集，並漸為人重視。一九二八年，中央研究院與河南博物館合作發掘殷墟，先後獲得甲骨文十一萬片之多，經專家研究可識之字有一三七七個，這些文字當然不是短時間所能創造，必有相當時期的過程。東漢許慎「說文解字」敘說：「倉頡之初作書，蓋依類象形，故謂之文，其後形聲相益，即謂之字」，於是將倉頡說成造字之祖。其實在倉頡以前，就有文字的符號產生了，直到商周時代，文字的傳承發展，逐漸成熟。「說文解字」將象形、指事、會意、形聲、假借、轉注，稱為六書，建立造字的規則。其後歷經許多朝代，文字不斷孳乳和變易，漸漸增多，清初康熙字典字數，已有四萬七千零二十一個，這是我國文字演進的概況。

二、中國文字的特點

（一）中國文字能持久可讀。我國的方塊字，標義之外，也兼標音，因此不同的地區，可以閱讀，古今時代的書籍，可以瞭解。西方拼音文字，是隨著語言改變而改變的，時代不同，語言有變，對於古代的文字產生隔閡，例如一般英國人看不懂古英文、中世紀英文，看不懂十六世紀的莎士比亞。我國的疆域廣大，各地區就有不同的語言，如以漢語系大別分類，便有吳語、贛語、粵語、湘語、北方話、客家語、閩南語、閩北語八大方言，差異很大，但是寫在紙上的文字卻是「書同文」的沒有分別，東西南北地區的人，都用同樣的文字。我國的文字是單音的一字一音一義，一字祇有一形，只是一個方塊字，沒有性別，單數多數，人稱，格位及時間等的分別，句文精鍊，文法簡單，故經幾千年的演進，沒有很大的改變。所以二千年前的作品，如詩經、楚辭現在依舊能夠閱讀，中古的唐詩、宋詞，仍然可以欣賞，許多古人的優秀作品，經過歷史長河的洗禮，還是繼續發光。

（二）中國文字能靈活適應。時代在進步，社會在發展，於是常常產生新事物，因此在外國就不斷創造新字。我國文字的適應靈活，可以不需要添造新字，只把舊字作適當配合便可以造成無數新詞。例如電燈，是把原有的電字配上燈字，就成用電力照明的燈種名詞；汽車是把原有的汽字與車字配合，就是指裝有引擎行駛的車子名詞；火箭是把火字與箭字搭配，就是瓦斯噴射動力的武器名詞。中國文字的適應性很大，互相搭配，便可運用不竭。

中國文字能持久可讀，靈活適應，這是它的特點，不，是它的優點。

三、中國文字的遞變簡化

中國文字經歷了多次演變，三代有甲骨文、金文、石文、勾文，秦時有大篆、小篆，刻符、蟲、鳥、書摹印及隸書，漢以後通行隸書、楷書、草書、行書，直到近代的簡體字，走的是由繁到簡的道路。自唐以後，簡體字就出現不少，民國十一年，著名學者錢玄同在國語統一籌備會即曾提出過減省現行漢字的筆畫案，換言之，就是主張簡體字。民國二十三年，陳望道、葉紹鈞、曹聚仁等，提倡大眾語運動，推行手頭字（即簡俗字）。二十四年，教育部頒行一次簡體字三百二十四個，四十五年（一九五六），中共公布「漢字簡化方案」中，被簡化的字有五百十五個，七十五年（一九八六）中共發表簡化字總表共有二二三五個簡化字，是歷史上文字簡化最大的一次。簡體字合乎「新、速、實、簡」原則，方便書寫，易於普及。現在文化趨向全球化，是簡體字走向世界的必要條件，是讓國外人士學習漢字的便捷途徑。

大陸推行簡體字，仿照英語「托福」舉行「漢托」（漢語水平考試），測定漢語能力。外國人為了取得「漢托」及格，必須學會簡體字，由是簡體字成為國際重要的文字。全美大學理事會最近通過中文為高中生選修大學先修課程的語文，指定簡體字為中文字體。東南亞的中文教學改用簡體字，其報刊字體也棄繁就簡，於是簡體字逐漸成為中文教學主流，已是現代文明發展的趨勢。

台灣從前排斥簡體字，近來隨著時空環境的變化，很多學校開始習用簡體字。大陸簡體字教科書參考書在台灣各大學校區隨處可見，問津堂、天龍書局、世界書局等書店，因應現實需要，紛紛出售簡體字書籍，於是簡體字不論在國內國外，到處流通，方興未艾。

四、中國國力的迅速上升

大陸自改革開放以來，不論經濟、科技、教育、體育、軍事都有飛躍的進步，這就直接間接促進世人對於中國文字的重視。茲擇要分述於下：

（一）經濟方面

大陸自改革開放以來，經濟快速成長，影響力已遍及全球。大陸原預估二〇一〇年的貿易是一兆一千億，但到二〇〇四年即提前達到。德國鏡報說：中國用三十年的時間完成西方得化費一百年所做的事情，二〇〇八年大陸生產總額超越德國成為世界第三。日本智庫研究報告，大陸國內生產總額 GDP 將在五年內超越日本。大陸的 GDP 的成長，對世界的貢獻很大，中國已經成為世界經濟生長很重要的一部分，是印度、巴西和俄羅斯加起來的兩倍。

二〇〇七年，大陸已是世界第二大經濟體，第三大出口國。根據 WTO 預測，大陸二〇〇七經濟出口成長27％，依此成長趨勢，則二〇〇八年將成為世界第一大出口國。大陸外匯儲備，二〇〇八年已達二兆美元，高居世界第一。鋼鐵產量為日本的四倍，居世界第一，而每年新建高速公路為九千公里，舉世鮮有其匹。大陸是一條久眠乍醒的巨龍，挾其物美價廉及充沛的勞動力，在全球經濟上要趕日超美，儼然成為二十一世紀的強權。

（二）科技方面

1. 太空科技：

1970　中共發射第一顆人造衛星「東方紅」第一號，並於翌年發射科學實驗衛星實踐一號。

1999.11.20 中共發射無人太空船神舟一號，在軌道繞地球飛行 14 圈。

2001.01.10 發射神舟二號，在太空軌道運行七天，繞地球飛行 117 圈。

2002.03.25 發射神舟三號，在太空軌道運行七天，繞地球飛行 107 圈。

2002.12.30 發射神舟四號，在太空軌道運行近七天，繞地球飛行 108 圈。

2003.10.15 發射神舟五號，把太空人楊利偉送上月球，成為世界上第三個有此能力的國家。

2005 發射神舟六號太空船，將太空人費俊龍、聶海勝送進地球軌道，每九分鐘可以繞行地球一圈，順利返回陸地。

2007.01 中共以一枚導彈擊毀一顆老舊衛星風雲一號C。表示中共對軌道計算磁力和天氣等變數都能精確掌握，對太空有很大貢獻。

2007.10.24 長征三號火箭載著中國第一顆探月衛星「嫦娥」，奔向月球成功。

2008.09.25 大陸神舟七號太空船搭載三名太空人在太空漫步三天，9月28日下午平安降落在預定的內蒙古中部阿木古朗草原，標誌大陸太空科技成為世界上第三個獨立掌握空間出艙關鍵技術的國家。

2. 軍事科技：

1960.11 發射了第一顆 **R-2** 飛彈。

1964.10 試爆了第一顆原子彈。

1967.06 試爆了第一顆氫彈。

2001.01 中共新一代主力戰機殲十已開始換裝 **PL** 十二主動雷達誘導空對空飛彈，戰力大幅提升。

2004.07 試射東風三十一、東風二十一型、巨浪二型彈道飛彈，東風三十一型洲際飛彈，射程達八千至一萬五千公里；東風二十一型中程飛彈，射程可達三千公里；巨浪二型是潛射洲際彈道飛彈，射程可達八千公里。

2005.03 中共國產預警機「空警二〇〇〇」問世，採用相位陣列雷達技術，比目前美俄產品還要先進。

2007.03 中共擴建五艘 094 型新式核子動力飛彈潛艇，將各配備十二枚射程八千公里新式巨浪二型飛彈，構成現代強有力的嚇阻武力。

（三）體育方面

中共自一九八四年（中國已三十二年沒有參加奧運，而且在以前也沒有在奧運得過任何獎牌），一舉得到十六面金牌，使中國人揚眉吐氣，使世界大為驚奇。許多旅美華僑感到了空前的榮譽，激起對祖國的向心歸心，興奮的熱淚盈眶。其後每屆奧運，大陸得到金牌數繼續攀升，二〇〇四雅典奧運，大陸得到三十二面金牌（僅次於美國的三十五金），坐上金牌榜數第二金交椅，舉世矚目。

二〇〇八奧運，是中國人主辦，這是「百年盛事」，中國人民都有辦好奧運，創造歷史的願望。北京城市整個翻修，面目一新，例如現代化的北京地鐵，規模宏偉的飛機場，壯觀的「鳥巢」，奇巧的「水立方」，處處展示華麗璀璨的風貌，隆盛的奧運開幕式和閉幕式，融合東方傳統文化和西方先進技巧，別開生面的精采表現，使全球觀眾嘆為觀止。

二〇〇八奧運，是大陸綜合國力競賽的展現，大陸以五十一面金牌，首度成為奧運霸主（以五十一金比美國的三十六金，多出十五面，終結美國三連霸），更使全球震驚。這次共有二百零四個國家的一萬兩千名運動員參加，有七十八個國家和行政首長到場觀禮，有記者三萬人採訪報導，全球有四十萬人前來觀禮，有四十四億人從電視看中國主辦的奧運，於是使世界重新認識中國，瞭解中國。法國總統薩科齊說：二〇〇八年的奧運，將標幟著中國的偉大復興。印度的「印度時報」：「奧運是世界重新認識中國的開始」。澳洲的「雪梨先驅晨報」：「奧運讓中國實現最偉大的躍進」。各國媒體形容中國的成功奧運是「國王歸來了！」「東亞的主人回來了！」奧運使中國收穫豐碩，和平崛起，中國必然將融入世界，也影響世界。

五、中文隨著國力上升，湧向世界

大陸近數十年來，實現農業、工業、科技和國防現代化，無論在經濟方面、科技方面、體育方面等都有很大的進展。尤其改革開放後，中共的貿易、科技、投資、教育、文化、軍事等諸端茁壯蓬勃，快速躍升。強權美國當然不會忽視中共的崛起，深切體認中文的重要，從二〇〇五年起，就有二四〇〇多所中學設立中文教學課程，美國重量級參議員李伯曼和亞力山大提案主張立法推動美國下一代學習中文，芝加哥市長說：「我覺得這個世界擁有兩種語文，中文和英文」，由此可見，美國對於中文的重視。

「漢語熱」在國際上不斷升溫擴散，於是中文越來越吃香，越來越興隆了。因此到大陸學中文的人數增長很快，一九九六年在大陸學中文的外國學生有四萬一千二百人，到二〇〇二年增加到八萬五千八百人，二〇〇四年增至四十萬人。日本和南韓與大陸鄰近，學中文的人數最多，現在日本約有兩百萬人學中文，南韓有一百三十萬人學中文，東南亞地區有一百六十萬人學中文，歐洲和加拿大等國家學習中文的也越來越多，法國已把中文列為第一外國語，全球至少有八十五個國家，共有兩千五百萬人在學中文。縱觀中國的國力不斷上升，日趨強大，自然而然帶動國際掀起「中文熱」，中文的湧向世界，已是當今世界的潮流。

結語

自從鴉片戰爭開始，中國連續挫敗，至今一個半世紀以來，歷經自強運動，百日維新，推翻滿清，建立民國，然後五四運動，軍閥互鬥，北伐統一未久，接著抗日戰爭，國共內戰，兵連禍結，造成經濟崩潰，民生凋敝。近代西方列強，目睹中國衰弱，藉機侵略壓榨，致民眾遭受重重痛苦，未能脫離窮困的泥淖。拿破崙說：「中國，這一個酣睡的巨人，讓他睡著吧！因為他若是醒來，將會改變世界！」

中國終於醒過來了，近百年來，中華民族都積極謀求富國強兵，救亡圖存，尤其大陸自改革開放以來，全面向外擴展經貿關係，經濟大幅成長，科技驚人成就，綜合國力快速上升，令全球各國刮目相看。一九九六年，宋強、張藏藏等知識青年，針對霸權國家單邊主義的獨斷專橫，寫成「中國可以說不」。二〇〇九年，又有宋強、王小東等發表新書「中國不高興」，指出中國的國力已非昔比，呼籲不應對西方太軟弱，應該勇敢地說出「中國要成為世界超級大國」。二〇〇八年的奧運，讓西方直接看到中國的輝煌成就，使世界更多地瞭解中國，中國也更多地瞭解世界。二〇〇九年四月二日，G20（十九國元首加歐盟輪值主席）高峰會，中國是所有重要經濟體中唯一高成長率的國家，許多媒體說 G20 高峰會其實是 G2：是美國與中國的領導人高峰會。美國總統歐巴馬明言美、中若不合作，任何全球議題都解決不了，由此可見今日中國已成唯一關鍵的國家。

中國今日已是無可置疑的強權，走向國際，影響國際，因此中國文字，隨著形勢大好，必將成為強勢語文，湧向世界。

二〇〇九、四、六　於永和

鑒往知來：應該瞭解二二八事件

今（九十八）年台獨及傾綠人士，又一再渲染二二八事件，不斷中傷國民黨的信譽，不斷毀謗蔣故總統的人格和政治操守，誤導一般社會大眾的思想，乘隙尋釁，造事生非，蘊釀省籍衝突，撕裂族群，後患無窮。我們必須釐清二二八的真相，正本清源，彰顯那個年代的真貌，冀能消解歷史上的創傷。

二二八事件的由來：緝煙事件

一九四七年二月廿七日下午七時半左右，台灣省專賣局查緝股職員葉德根、盛鐵夫、鍾延洲、趙子健、劉超群、傅學通六人與警察大隊警員四人來到延平路天馬茶房附近時，附近煙販都聞風逃避，一個年紀四十多歲的女販林江邁一時逃避不及，被查緝員葉德根、鍾延洲二人扣留，並被沒收五十餘條紙煙和身上的現款。林江邁向葉鍾兩人哀求申訴，她是一個寡婦，一家數口全靠她賣煙過日，些少本錢還是向人家借來的，倘若被沒收，明日起一家就無法生活。查緝員卻不理，強把那些紙煙拋入車內。林江邁就不顧一切，拼命奪回，不料一警員卻拿起槍桿，向她亂打，打得頭破血流，昏倒在地。當場民眾五百多名看見這種橫暴作風，忍不住把查緝員包圍起來。另一查緝員傅學通看到情勢不好，便逃往永樂町，並鳴槍示威，不料卻擊中了路人陳文溪，當場斃命，而他卻乘機逃脫。民眾遂湧至警察局要求逮捕兇犯，沒有結果，於是憤怒的民眾縱火焚燒查緝車及車裡的私煙，然而怨恨猶未平息，遂聚眾包圍警察局和憲兵團，直至天明未散。二月二十八日清晨，民眾結隊遊行示威，呼籲商人罷市。大小商行和街頭小販，群起響應，台北全體罷市。

　　群眾遊行隊伍到延平路警察所時，警察鳴槍想予制止，民眾憤激，衝入警所，打傷警員，並搗毀所內用具及玻璃窗洩憤。群眾又到專賣總局請願懲兇，而那時總局已布置了武裝警察阻止接近，群眾便轉移目標往「台北分局」衝入，遇人便打，見物便毀，一瞬間打死兩名，毆傷四名。該分局所存「香菸」、火柴、酒類和桌椅、汽車、單車及現鈔、簿冊，都搬出焚燒。憲兵聞訊趕到，但因群情激昂無法制止。下午各條大馬路一隊隊的民眾高舉旗幟敲鑼打鼓，高呼口號，向長官公署進發，要求懲兇及撤銷「專賣局」。但是此時公署周圍已布置了武裝憲警，防範群眾進入，而此時群眾情緒激動不怕憲警，直衝過去，但未到門口即被衛兵開槍掃射，當場射死三人，射傷三人（後來也死了），群眾被迫散開，滿懷仇恨，聚集大約有一萬多人，到處遇見外省人就打。外省人被打死的慘叫聲，此起彼落，台北市已變成了一個恐怖的世界。

暴動擴大遍及全島

台北民變繼續擴大，學生全部停課，機關團體員工、工廠工人都逃走一空，商行被搗毀焚燒，市內到處發生的打風越來越猛，秩序紊亂已極，市民陸續集於中山公園（新公園），開會討論如何鬥爭到底，同時佔領廣播電台，廣播全民起來鬥爭。由此廣播，傳到全台各處，於是爆發全島民眾，掀起鬥爭的風潮。

台北方面：三月一日台北市學校罷課，工廠罷工，商店關門，報社員工走了，無法出版，雖昨日警總司令部實施「臨時戒嚴」令，但暴動仍不斷擴大，而且更趨激烈，見到「外省人」就毆打。外省公教人員私宅的東西，也都被搬去焚燬，更進而搶奪軍警武器，劫掠軍需倉庫，暴亂行動愈來愈烈。

三月二日上午十時，國立台灣大學、延平學院、法商學院、師範學院及各中學高級生約數千名集於中山堂舉行學生大會。激進學生秘密召開會議決議編成「學生軍」及選定攻擊目標等。又台北縣府職員於三月一日在辦公室被打，民眾襲擊供應局板橋倉庫，搬走物資，將倉庫放火燒燬。

基隆方面：二月廿八日傍晚發生暴動，群眾襲擊要塞司令部及警察所，搶了很多武器，「打阿山」的風潮遍及全市。官兵傷者二十人，失蹤者二人。三月一日早晨，基隆要塞司令部宣佈戒嚴，一切交通斷絕。三月一日至三日，人民及軍隊的衝突不斷，閩台監察使楊亮功於三月九日到台調查並宣慰途中也遭受狙擊，所幸無恙。

宜蘭方面：三月四日，民眾遊行示威，襲擊空軍倉庫，繳獲長槍五百餘枝，短槍百餘枝，將器材悉數燒燬，收繳警察局槍枝，全部外省人集中管制。

桃園方面：二月廿八日，民眾奪取車站崗警槍械，控制經過該車站的一切火車，搗毀官舍搜查款項，又佔領縣政府，奪取空軍倉庫武器和物資。於是民眾有了步槍、手槍、機槍、手榴彈，聚眾攻入警察局，警察逃走。

新竹方面：三月二日早晨，民眾分頭襲擊警察派出所，奪取武器，搗毀外省人商行，搜查各機關及官吏宿舍。

台中方面：三月一日，上午台中市、彰化市、台中縣各參議員聯席會議，要求改組長官公署，實施省縣市長民選。三月二日召開市民大會，推舉謝雪紅為大會主席，討論台中方面的鬥爭方針。會後糾集民眾包圍警察局，解除警察武裝，包圍台中縣長劉存忠迫降，收繳警察局槍枝及攻取鄰近駐軍的一百多支步槍，三支機槍和手榴彈，並佔領廣播電台。三月三日成立「台中地區作戰本部」，向第三飛機廠倉庫進攻，因官兵抵抗，武裝民眾得到彰化隊、大甲隊、豐原隊、埔里隊、東勢隊、員林隊、田中隊、太平隊等協力圍攻，官兵不支，被俘五百多人，關在台中監獄。台中及近郊的軍政機關皆被民眾控制了。

嘉義方面：三月一日嘉義市暴動民眾分別攻擊官舍，市長公館遭受搗毀，並攻擊警察局，獲取武器。下午攻取第十九軍械庫，強迫接管一切武器及軍用品。晚上佔領市政府，市內及近郊的外省人一千四百多名被民眾集中拘押。次日民眾又向紅毛碑最大的軍械庫進攻，激戰三晝夜，軍隊不支，遂把軍械庫炸燬，全部退到飛機廠堅守，人民軍進擊，雙方死傷慘重。

虎尾、斗六、林內方面：三月二日夜，斗六暴民襲擊區署及警察所奪取武器。在虎尾方面，暴動民眾向虎尾警備隊進攻，雙方相持三晝夜，至五日晚上，斗六、斗南、台中、竹山各地民軍陸續到達，編成聯軍圍攻，警備隊被迫投降。

台南方面：三月二日夜，暴動民眾持有武器襲擊各處警察派出所，警察自動放下槍枝。三月四日，暴動民眾分別襲擊各警察派出所；第三監獄及警察保安大隊，繳獲許多槍械彈藥。警察局長陳懷讓也被生俘，當晚 台南市大小機關都被民眾接管。

高雄、鳳山方面：三月三日夜間，暴動民眾包圍市警察局，焚燒局長汽車，接著佔領前金派出所、鹽埕派出所等警所收繳武器，三月五日成立「總指揮部」由涂光明任總指揮，召集民眾及青年學生，並有本省籍警察二百餘名加入，編成隊伍，攻擊憲兵隊、陸軍病院及軍械倉庫，繳獲武器，並佔領市政府，將外省人七百多名押解到火車站附近的一所學校裡，做為人質。接著推涂光明、曾鳳鳴等五代表要求高雄要塞司令彭孟緝交出要塞，繳械投降。彭知事態嚴重，全省就要糜爛，非斷然處理不可。當五代表進入後，彭即槍斃肇事首犯涂光明，拘留曾鳳鳴等，釋放黃仲圖下山。彭並立即出動所屬數百名官兵，先解決佔領市府的肇事群眾，再率隊到火車站附近營救外省人。彭處置得宜，才使高雄的險惡局面穩定下來。（後來白崇禧部長奉命來台宣慰，瞭解彭孟緝南部平亂事件，對他有「專斷獨行，制敵機先」的讚語。）

屏東方面：三月二日晚間市參議會副議長葉秋木召集議員人民代表等開會，決定響應各地暴動，翌晨由退伍軍人編成突擊隊部，攻佔警察局，奪取武器彈藥。又襲擊製糖廠，到處在打阿山（外省人），逃不及的大小官吏，被送到集中管制。五日上午推舉葉秋木為臨時市長，且圍攻憲兵隊及飛機廠。

台北緝煙事件，迅速引起全省暴動勢力的竄起，難以收拾，原因複雜，但最大原因，是當時沒有足夠的軍力，有效的維持治安。三十四年十月十七日，第七十二軍林雲濤部隊來台駐守，後來蔣主席因剿共戰爭需要加強兵力，密電陳儀可否調走在台駐軍，陳儀認為台灣人民守法，社會秩序良好，同意將駐台軍隊調走。直至暴亂起來，政府無力控制，造成暴民接管各縣市政府的事變。

行政長官的忍讓惡果

陳儀任福建省主席時，即留心台灣情勢，一九三九年六月五日曾派「台灣實業考察團」（1939.11.13-29 日）對台灣實地考察並編出一厚本的「台灣考察報告」。三十四年十月他到台灣任行政長官公署長官時，對台灣人的遭遇命運深表同情。當二二八事變全台除澎湖外幾乎全部的縣市府機關被暴民接管，他還遲遲不忍動武，並嚴令軍隊不准開槍。三月五日高雄市內一切軍政機關均被暴民佔領，三月七日，暴民企圖攻佔要塞，要塞司令彭孟緝率兵平亂前，陳儀猶電彭云：「……此次不幸事件，應循政治方法解決……限電到即撤兵回營，恢復治安，恪守紀律……」。陳儀確愛台灣這塊土地，愛台灣人民，儘力想用和平方法解決這次事變。

陳在二二八事變發生後，一再忍讓委曲求全，希圖善意化解，殊料陳的善意被對方看成懦弱無能，於是暴動民眾步步進逼，成立二二八事件處理委員會，要求的條件越來越多，結果提出三十二條，要解除國軍裝備，撤銷警備司令部，本省人之戰犯及漢奸嫌疑被拘禁者無條件即時釋放等等不合理條件，事態惡化，情勢難以收拾。陳儀得知各處暴動擴大，顯有顛覆政府的危險，直到三月六日，始報告蔣主席應即派兵前來平亂。

三月九日陸軍二十一師劉雨卿部隊在基隆登陸，然後向各縣推進，暴徒聞風潰退，至三月十七日全省底定，恢復地方秩序。

二二八事變，陳儀身為台灣長官，自然有他應負的責任，但所以發生二二八事變，確實有其複雜的因素，不能把過失全推到陳儀一人身上。我們應平心靜氣，來看陳儀的其人其事。當時台省物價上漲，政府無力改善人民生活，各行政機關施政效率太低，少數官員營私舞弊，喪失人心，而來台軍人揹雨傘、穿草鞋，服裝簡陋，且挑鐵鍋煮飯，乘車、看電影不買票，軍紀不佳，被台人輕視。又眾多自日軍返鄉的退伍軍人，未有妥適照顧，致生不滿。陳儀雖自認勤儉治台，但對台人怨懟的情況，沒有深切認識，致錯估情勢，處理欠妥，釀成重大的事變。

陳儀其人其事

陳儀幼年好學，愛好史記，曾入浙江求是學堂（浙江大學前身），後到日本入成城中學，復入日本士官學校第五期，砲兵學校第四期，再入日本陸軍大學第一期，精通日語。曾任浙江省長，福建省主席，性格剛直，向以廉潔勤政著稱。及出任台灣長官公署長官，公署門外不設武裝衛兵，並曾三令五申，不准出巡人員攜帶武器。陳對台灣社會文化和人民性格瞭解不夠，而對台灣人被日本統治五十一年的命運，深表同情。及至事變發生，全省各縣市機關幾乎全被暴民接管，猶遲遲不忍動武，一味讓步示好，希圖善意化解。這種懷柔心態，被暴動民眾錯估政府的無能軟弱，可以用武力將其打倒，終致造成變亂擴大，不可收拾。如果事變之初牽涉不廣時，用霹靂手段，行菩薩心腸，斷然迅速用武力敉平，不容暴徒有聚眾劫奪政府機構的機會，避免星火燎原，豈非善策。

二二八事變除陳儀的懷柔政策有誤外，另一重要原因是陳同意蔣主席將駐軍調走，防務空虛有以致之。當時湯恩伯、林蔚、毛森都勸陳儀勿同意調走駐軍，謂「台人新附，人心未定，一旦有變，何以應付？」陳卻說：「我以至誠愛護台灣人，台灣人不會仇我，萬一有意外，我願做吳鳳。」陳儀錯了，當二二八事變發生，各處暴民如燎原之火，全省各縣市迅被接管，政府已無力控制矣！韓非子所謂「以寬緩之政，治急世之民，猶無轡策，而御悍馬。」那會有好的結果。蔣故總統中正對二二八事變謂「此實不測之變，雖以軍隊調離台灣為其主因，然亦人謀不臧，公俠疏忽無智所致也。」

陳儀為人，古道熱腸，用心識拔人才，如他在台任用的嚴家淦、任顯群、孫運璿、李國鼎等皆一時之選，有功於世。陳喜與文人魯迅、郁達夫等交往，當郁達夫被日軍殺害，陳照顧其子郁飛至大學畢業，道義可風。陳培養湯恩伯赴日深造，後又扶植其軍中事業，湯視陳如父，感念殊深。三十八年一月二十一日蔣總統下野，陳密函湯在京滬地區策劃「局部和平」，以免浙江魚爛。湯把函呈蔣，竟被扣解送台灣槍決。前行政院院長翁文灝在法京得陳儀死訊，有詩哭之曰：「海陸東南治績豐，驚心日夕棄前功，試看執揖理財士，盡出生前識拔中。」

結語

二二八事件發生於民國三十六年二月二十八日，迄今已逾六十多年，然而綠營人士往往藉此扭曲歷史真相，掀起政治風波，挑撥仇恨心理，撕裂族群情感，興風作浪，層出不窮，令人憂心。吾人亟需釐清真相，做出公正客觀的歷史省察，以期喚起社會大眾的正確認知，走向安定和樂的康莊大道。

輯五　旅遊記勝

西湖遊蹤

水光瀲灩晴偏好，山色空濛雨亦奇；
欲把西湖比西子，淡妝濃抹總相宜。

蘇　軾

西湖我於一九八九年及二〇〇一年兩度遊過，但都因日期短暫走馬看花，不及細賞，近年常常想騰出充裕時間盡興暢遊這個人間天堂的勝蹟。二〇〇七年五月八日，我偕妻於遊過蘇州後，乘車到杭州展開暢意的西湖之遊。

晨光乍起，我偕鳳君就到了湖濱，步行到「斷橋殘雪」碑亭，亭邊有座水榭。這「斷橋殘雪」四字須到冬天有雪下降時才能名實相符，現在則只有「斷橋」的景象而已。走過「斷橋」就是「白堤」。白堤是唐代詩人白居易任杭州太守時，在西湖修築的長堤，人稱白堤。堤的兩旁柳樹成蔭，綠意盎然，堤上寬廣的柏油路，平坦潔淨，早晨運動的人們來來去去，呈現民康逸樂的景象。過了「錦帶橋」、放鶴亭，便看到林和靖墓。林和靖即林逋，宋錢塘人，恬淡名利，隱居西湖孤山，工書，善畫，能詩，其詠梅詩有句云：「疏影橫斜水清淺，暗香浮動月黃昏」，尤其膾炙人口。再過一段路是蘇小小墓，蘇小小是南齊時錢塘名妓，才貌出眾，而她的身世和愛情淒婉動人，墓前有聯云：「千載芳名留古蹟，六朝韻事著西泠」。由此稍前行，有武松墓，武松是水滸傳中打虎的英雄，婦孺皆知。又前行，革命先烈秋瑾的風雨亭在望，亭前有秋瑾塑像，巾幗英姿，浩氣長存，著名作家葉聖陶題匾。

九時半許，到岳廟，殿宇宏敞，莊嚴肅穆，中有岳飛塑像。岳飛精忠報國，驍勇善戰，屢次擊敗金兵，力圖恢復河山，奸相秦檜力主和議，假傳聖旨召回岳飛，將其害死獄中。我最欣賞廟中的一聯是「青山有幸埋忠骨，白鐵無辜鑄佞臣」。廟中右面一間是張憲祠，左面一間是牛皋祠，（張牛兩人都是岳飛的大將），岳廟旁有岳飛紀念館、岳飛墓，墓道旁鑄有奸臣秦檜夫婦的跪像，及佞臣張俊、萬俟卨的鐵像，遊人看到莫不連聲唾棄。

白堤盡頭的前方大島就是孤山，孤山南側白堤西端出現的亭樓廳榭就是「平湖秋月」。每當秋夜明月臨空，湖平如鏡，清輝映照下的景色，夜遊最富詩意。平湖在唐代時是望湖亭，清康熙年間在孤山建皇帝行宮，現在經過重建的「湖天一碧樓」是望湖最好的處所。大門楹聯「萬頃湖平長似鏡，四時月好最宜秋」，確是寫出平湖景點的特色。

「靈隱寺」：靈隱寺在杭州市西北的武林山麓，飛來峰對面，我曾三度過訪，最近的一次是二〇〇七年五月八日。靈隱寺係東晉咸和元年（公元三二六），高僧慧理所建。歷代以來，屢燬屢建，現在的靈隱寺，經一九五三、一九七五兩次大規模整修，佛像金碧輝煌，建築煥然一新。寺內有天王殿、大雄寶殿、東西迴廊、聯燈閣、大悲閣等建築。天王殿是進寺的第一進殿宇，氣象莊嚴，大殿正中佛龕，坐著坦胸露腹的彌勒佛，笑臉相迎進殿的善男信女。殿兩邊端坐著象徵風調雨順、國泰民安的四大天王。大雄寶殿正中，端坐著佛教始祖釋迦牟尼佛，肅穆中顯出慈悲。殿之兩廂站列著二十諸天護法神，大殿後壁，是以「慈航普陀」觀音大士為主體的許多佛像。觀音大士手執淨瓶居中而立，意態瀟灑，栩栩如生。五百羅漢堂占地三千平方米，每尊銅鑄羅漢像高達一、七米，重一噸，規模之大，世所罕見。各殿來往進香及參觀的信眾，絡繹不絕，真是香火鼎盛。

靈隱寺最具文物價值的是兩座經幢和石塔，經幢在天王殿前東西兩側，為北宋開寶二年（公元九六九）吳越國王所建。兩石塔在大雄寶殿露台兩側，為八面九層仿木構建的樓閣型石塔，高十一米多，是北宋建隆元年（公元九六〇）建造的，雕刻精湛，造形優美，具有古典的風格。

飛來峰在靈隱寺旁，高約一百六十多米，因係凌空拔起，懸崖壁立，雄奇險峻。峰側有一條清溪，緣山腳而下，水聲淙淙，峰壁佈滿了五代至宋元時期的摩崖石刻，峰頂林木蒼翠，有些異木，根生石外，奇突可愛。這裡的山石崢嶸，如飛龍、如奔象、如臥虎、如躍馬，千姿百態，動人心目。張岱出飛來峰詩：「石原無此理，變幻有成形，天巧宜經鑿，神功不受型。」說得真好！

冷泉亭在靈隱寺山門左面，亭對峭壁，一泓泉水，淒清入耳。唐詩人白居易寫有「冷泉亭記」有云：「東南山水，餘杭郡為最；由郡言，靈隱寺為尤，由寺觀，冷泉亭為甲。」冷泉亭面對飛來峰，潺湲清韻，幽靜取勝。名書法家董其昌有聯云：「泉從幾時冷起，峰從何處飛來？」冷泉亭經過騷人墨客的描述，更增加了美景的聲價。

五月九日早上偕鳳君步行至湖濱，買票登上遊艇，首先航至「三潭印月」（小瀛洲），蘇東坡知杭州時，在湖中建造三座瓶形石塔，謂之三潭。石塔高二米，塔基係扁圓石座，塔身球形，有五個小圓孔，每逢月夜，在塔裡點上燈燭，洞口蒙上白紙，燈光從中透出，宛如一個個小月亮，倒影湖中。待皎月在天，月光、燈光、湖光交相輝映，月影、塔影、雲影織成一片，此即三潭印月的由來。

小瀛洲是西湖內一山二堤三島中的最大島，外堤如環，堤岸人工疊石參差錯落形如石島，垂柳花樹亭閣樓台散佈在島堤之上，有如景色華麗的園林。湖心島上有先賢祠、九曲橋、近翠軒、水香榭、我心相印亭等勝蹟。湖心亭居西湖中心，亭外皆水，是西湖中的點睛之筆，從這裡四望，西湖的山光水色，恍似置身畫圖之中。

從小瀛洲遊艇駛回，我倆上岸走向蘇堤，蘇堤亦是蘇東坡任太守時所建的。堤自南至北橫貫西湖，全長二點八公里，上有映波、鎖瀾、望山、壓堤、東浦、跨虹六條石拱橋，堤上分植桃樹、柳樹。語云「蘇公堤上六條橋，一株楊柳一株桃」，走在堤上，看到桃樹挺翠，垂柳婆娑，令人感到無比的舒暢。

「曲荷風院」在蘇堤跨虹橋右側，揚名甚早，宋詩人楊萬里有詩云：「畢竟西湖六月中，風光不與四時同，接天蓮葉無窮碧，映日荷花別樣紅」，詠此十分相宜。此處佔地四百二十六畝，有岳湖、竹素園、風荷、曲院、濱湖密林區、郭莊等六個景點，此區不收門票，而亭台水榭，樹木花草，曲曲折折呈現，走過一處，又是一處，看過一景，又是一景，越看越有不勝看之感。

「花港觀魚」位於西湖西南角，是介於小南湖、西里湖之間的一個半島，東接蘇堤，在西山大麥嶺的花家山麓，有一條小溪經此注入西湖，因名花港。宋時盧允升在此建造別墅，栽花養魚，遂名「花港觀魚」。現在這景區面積達三百餘畝，此處的「牡丹園」，不但種植了大量的牡丹花，還有芍藥、杜鵑、海棠、梅花、紅楓、五針松等花卉植物，萬紫千紅，四季長青。還有「魚樂園」之「紅魚池」，是觀魚的所在，池的四周，種滿各種花木，遊客在池岸曲橋上觀賞成群的魚類往來遊食場景，心中自會興起怡然自得的樂趣。

「柳浪聞鶯」在西湖的東南岸，我倆選一個早上沿湖觀賞，這一帶約有五里左右，都是婆娑的楊柳，迎風搖曳。黃鶯在濃蔭深處鳴囀，悅耳動聽，因名「柳浪聞鶯」。漫步此區，可以看到聞鶯閣、尚公橋、清照亭、萬柳塘、魚水亭、御碑亭、西湖博物館等十三個景點。在這農曆的三月天，風和日暖，在湖岸探訪勝景，隨興徘徊，至感愉快。

我倆沿湖走到「錢王祠」，此為紀念五代吳越開國之主錢鏐而建的。錢王疏浚西湖，為防江潮，又修建捍塘利民安居，於是後人為之建祠紀念。錢王祠規模頗大，有閱禮堂、戲臺、五王殿、功臣堂、獻殿、御碑亭、聖旨坊、荷池等設施，我倆經此，適值杭州市武術表演比賽，於是去參觀一會。

「宋城」：五月十日上午，乘公交車到「宋城」，門票八十元人民幣。宋城在六和塔西南，係仿造宋代的古城風貌。宋朝經濟發展，都會繁榮，冠帶詩書，人才興盛，市肆貨積，戶盈羅綺，如今在此可以略窺昔日宋代的繁華點滴，藉以認識文化演進的軌跡。我倆跨過情人橋參看月下老人祠，月下老人司結緣之神，唐韋國旅次宋城，遇老人倚囊坐在月下檢書。問囊中赤繩，云此以繫夫婦之足，雖仇家異域，繩一繫之，亦必好合（見續幽怪錄）。後人因稱媒妁為月下老人。祠有聯云：「願天下有情人，都結成眷屬；是前生註定事，莫錯過姻緣。」

廣場有騎馬、騎驢、騎駱駝馳走，一座高架上，有隻綿羊背上猴子挖耳摸腮，施展身手。一群男女穿著鮮豔衣服，腳踩高蹺，在廣場中繞圈子表演；戲院於下午開演，我倆因限於時間不及欣賞。時值天氣轉冷，遂在該處服飾店購西藏衣穿上，以資保溫，午時在宋城太和店用餐。

「虎跑泉」：離開宋城，搭車赴虎跑泉參觀，虎跑在西湖西南白鶴峰下，經過一條一公里多長上坡的石板道，到達虎跑泉，道旁林木，交柯成陰，鬱鬱青青，一片清幽景象。山上濟顛塔院，內有濟顛和尚像，濟顛即人間流傳的濟公，遊戲人生，到處逍遙。濟顛院右是李叔同紀念館，弘一精舍。李是民國初期的著名作家，後來出家為僧，人稱弘一大師。李於民國七年在虎跑寺出家，自後專志佛學，盡心弘法，著有律學，晚晴等作品。

虎跑泉是兩尺見方的泉眼，明澈的泉水，從山岩石罅間汩汩湧出。泉池周邊，疊築山石，蒼松環列，景色幽倩。泉側有滴翠亭、羅漢堂、與泉池構成頗具禪味的庭院。傳說：唐元和十四年，性空大師來遊此山，棲禪其中，苦於無水，意欲他徙，夢神人語曰：「南獄有童子泉，當遣二虎驅來，翌日果見二虎跑地出泉，清香甘洌，大師遂留建立伽藍。」（見宋濂虎跑泉銘序），虎跑泉之名，淵源於此。

虎跑泉純潔甘洌，與玉泉、龍井泉並稱杭州三大名泉。虎跑泉水張力特大，泉水可超出杯口三、四豪米而不外溢，杭州有「龍井茶葉虎跑水」之稱，馳名中外。

「雷峰夕照」：五月十日下午，我偕妻遊雷峰夕照。雷峰在西湖之南，淨慈寺前的夕照山上，原雷峰塔係五代時吳越王錢俶所建，塔舊有五層，重檐飛棟，窗戶敞開，日光西照，亭台金碧，山光倒影，霞彩紛陳，遂有雷峰夕照之名。雷峰塔於一九二四年倒塌，二〇〇〇年杭州市民募款重修，於二〇〇二年建成現代化的高塔，有電梯可登塔頂，俯看西湖全景，歷歷在目。塔內壁上繪有蛇精白素貞與許仙締結姻緣的故事，法海和尚歧視異類，插手干預白許的愛情，因而雙方衝突，白素貞因法力不敵法海，致被其用缽鎮於雷峰塔下的悲劇。遊人看了壁上「破壞團圓」、「水漫金山」、「囚禁塔內」、「斷橋相會」等情節，無不對白娘子的癡情重義，興起深深的同情。

「黃龍吐翠」：二〇〇七年五月十一日清晨，偕妻搭車至黃龍洞，黃龍洞位於西湖棲霞嶺北麓，是近年整修成功的園林。其時七時半許，當地許多民眾在做早操或散步，門口牌坊「黃龍吐翠」高高聳立山門，造型古樸，二門淡黃色花窗上雕飾著姿態各異的九龍圖。入內有朱紅迴廊的「香雪亭」，依山傍水的「鶴止亭」，在亭上可以看到苔痕呈綠的巉岩上雕刻的黃龍頭，口吐清泉，流注下面的池中。池畔有兩塊岩石，分別刻有「水不在深」、「有龍則靈」的文字，顯示此處景點的特徵。

目今黃龍洞已闢為「黃龍仿古園」，設有男女樂工彈奏古樂娛人，另有仿宋的茶坊、酒肆，供人品嚐。山上有「宋皇祈雨台」，供遊客懷古憑弔。我倆在山麓間徘徊，恰逢民眾越劇清唱，於是在旁找一石上坐下，傾聽了一會。而正式越劇要到九時開演，因要遊別處，不想耽擱，故匆匆作別。

「九溪煙樹」：九溪十八澗位於煙霞嶺西，龍井山南，小徑曲折，峰巒夾峙，澗泉淙淙，草木蔚修，人煙曠絕，幽閴靜悄，為西湖一大勝景。九溪上有兩源，一源在龍井村西北獅子峰，一源在翁家山的楊梅嶺，成「丫」字型自北而南，沿途匯集了青灣、宏法、渚頭、方家、佛石、雲棲、百丈、唐家、小康、九塢之水，南流入錢塘江，故有「九溪」之稱。十八澗並非確數，是指匯成九溪的細小支流不少，以十八澗名之，意指其多。

二〇〇七年五月十一日下午，我偕妻遊「花港觀魚」後，搭車到九溪煙樹，循著小徑步行，山道旁有瀑布、小湖，林木蓊鬱，秀竹挺翠，九溪水曲折穿流，嗚咽的聲音動人遐思。惜蒼蠅、飛蟲擾人，令遊客難堪。清代著名學者曾就此作疊字詩：

重重疊疊山，曲曲彎彎路；
叮叮咚咚泉，高高下下樹。

寫出九溪十八澗的獨特情景。

沿溪上丁步石，拾級登上山頂，看四面遠處，天地寬廣，望江亭築於山頂平曠之處，南眺錢塘江，江天一色，六和塔雄踞江岸，高接雲天。北望層層疊疊的山巒，林木蒼蒼，煙雲迷離，九溪十八澗日夜奔流，遠向錢塘江匯合，朝東歸向大海。

探訪蘇州的園林名勝

獅子林

二〇〇七年五月三日，我偕妻再度遊獅子林，獅子林位於蘇州東北園林路上，建於元朝至正年間（1341-1367）是一長方形格局，四周是巍峨的高牆峻宇，東南多山，西北多水，主要建築在東北兩翼。長廊三面環繞，曲徑通幽，樓閣隱隱的出現，遊人在觀賞途中，有忽遇新境之感。全園面積約有十五畝之廣，園的中間有一大水池，池中有湖心亭，亭外水波漣漪，游魚穿躍藻荇，怡然自樂。池東南洞壑幽深曲折，石峰林立，有「假山王國」之譽。假山中很多太湖石，玲瓏秀雅，樸茂可喜，尤其含輝、吐月、玄玉、昂霄等美石，均為元代遺物，十分珍貴。獅子林的假山，以佛教聖地九華山諸峰的峻奇山水為借鏡，採用「取勢在曲不在直，命意在穿不在實」的手法，布置園景。假山三面環水，以水的嫵媚動態，襯托出山的雄奇峭拔。山上遍佈奇峰異石，中有澗水一道，將假山分作東西兩部分，澗水北端，跨澗相連，遠望渾然一體，近臨則突兀嵌空。山頭最高峰名獅子峰，雄視全園，此石妙肖獅形，神態生動，為太湖石之極品。

真趣亭在荷花廳西北，緊鄰池邊，建構精緻，金碧輝煌，屋架樑柱上刻有「鳳穿牡丹」圖案，圍屏門窗等板面，刻有花卉人物圖。傳說乾隆皇帝南巡來遊，賞此勝景，寫下「真趣」兩字，人們將此御筆作為匾額，於是此亭更添歷史的意義。真趣亭旁有一石舫，橫立池側，有上下兩層，精巧結構，遊客最喜在此攝影留念。

池西北為樓閣建築群，飛瀑亭飛瀑垂瀉，暗香疎影樓香氣氤氳，臥雲亭靜看雲霞，修竹閣篁竹秀翠，扇子亭揮扇納涼，問梅閣尋梅開落，這裡有這麼多的樓閣亭台，這麼多的天然景物，形成一所雅致的園林，使遊客來此流連忘返。

留園

留園是中國四大名園之一，位置在蘇州閶門外留園路側，清代學者俞樾云：「其泉石之勝，華木之美，亭榭之幽深，誠足為吳中之冠。」二〇〇七年五月四日，我偕妻寓次五洲大飯店，距留園甚近。是日清晨，我倆步行約十五分鐘，就到達該園，當時八時左右，就看到成群結隊的旅行團前來參觀，足見留園為觀光熱點，吸引遠近絡繹不絕的來訪。留園分中、東、西、北四個景區，中區以山水為勝，假山疊出，池水漣漪，遊人或盤桓山景，或臨水觀賞，都有親近自然的樂趣。池水中有「小蓬萊」島，有橋可通，島上有紫藤花，暮春開紫色蝶形花，璀若錦繡。

涵碧山房，又稱荷花廳，軒昂高爽，廳前寬廣的平台，緊鄰荷花水池，最宜盛夏納涼。汀南院內有湘石花壇，植有各種花卉，姹紫嫣紅，爭奇鬥豔。由山房左折，循爬山長廊，可到「聞木樨香軒」，每逢秋天，桂樹芬芳之氣四溢，令人陶醉，憑軒看園中諸景，歷歷在目。

涵碧山房西側，有綿長起伏的爬山遊廊，通幽度壑，貫穿「西樓」與「曲溪樓」。五峰仙館在「曲溪樓」東面，為蘇州園林中最大的建築，精緻宏敞。館前有十二峰石疊成的大型峭壁山，恰像廬山五老峰的縮影。館的東面有「揖峰軒」、「石林小屋」和「還我讀書處」，錯落佈置，造成園林的多樣風貌。

東區「林泉耆碩之館」為一座大型鴛鴦廳，廳北奇峰聳立，清池流波，亭台樓閣林立，其中「冠雲峰」最奇，峰高六點五米，秀挺湧出，為蘇州現存最大的湖石。

其左右兩側屏立「朵雲」、「岫雲」二峰，均係明代舊物，皆有歷史的意義。

西區以山景為主，北側小桃塢，桃樹成林，大假山高七米、長六十餘米，為蘇州園林中最大的假山。爬上假山之頂，可以看到虎丘、西園諸景，而山上皆植楓林，一到秋季，紅葉耀眼，燦爛動人。山下路側，有兩個亭子，模樣古樸，供人休憩，南坡下流淌著曲折的溪流，淙淙水聲，播出山村的幽韻。

北區為田園風光，月季花圃中，花色爛漫，撲人眉宇。遍地的竹林，樹叢，青翠照人，葡萄架處處，碧色連空。在這一帶流連，總會感到無比的幽靜恬適。走到北面，有一個巨大的盆景園，奇花異草，多采多姿，像是眾芳輻輳的中心。

留園的山水泉石，亭榭廊軒，都有深厚的文化氣息，一九九七年，已列入聯合國文化遺產名錄了。

西園寺

二〇〇七年五月四日，我偕妻遊覽留園之後，接著去遊西園寺。西園寺位於蘇州閶門外，創建於元代至元年間（1271-1294），清代乾嘉以後，法會盛極一時，與杭州靈隱寺、淨慈寺齊名，為江南三大名剎之一。寺最南端有四柱三間石牌樓一座，高高兀立，遠遠可見。寺的殿堂深廣，中間建築成田字形格局，可以四通八達，兩面迴旋，進門的右邊鐘樓，左邊鼓樓相對而立。第一進是「四天王殿」，殿兩旁是四天王塑像，法相威嚴，殿正中是大腹便便的彌勒佛像，笑容可掬。穿過殿後的庭院，到達第二進大雄寶殿，殿中間是釋迦牟尼佛，釋迦牟尼原為古印度迦毗羅衛國王子出家創立佛教，佛教傳入中國後，中國稱之為「如來佛」。東面觀音殿，是觀音菩薩像，慈眉善目，腳踩鰲魚，湧浪揚波，旁立「善才」、「龍女」二童子，仙姿俊秀，令人愛賞。西面是聞名的羅漢堂，三堂四進四十八間，設計八卦式布局，五百尊羅漢像，順序排列，整齊生動，氣氛莊嚴，無論遊客信眾到此，不禁興起崇敬的心理。

四面千手觀音像，設在羅漢堂中央，高達四丈，是用整塊香樟木雕刻而成，一面各有二百五十隻手，合起來共一千隻手，每隻手上都有一隻眼睛，故稱「四面千手千眼觀音」，雕像十分精巧，令人驚歎。

羅漢堂中又有四大名山造像，即山西五台山、安徽九華山、四川峨嵋山、浙江普陀山，這是我國的四大佛教名山，在這名山造像的南北兩側，分立著濟公和瘋僧的塑像。

羅漢堂內共有佛、菩薩、羅漢像七百餘尊，其間有韋馱、三方佛像及唐時詩僧寒山、拾得的塑像。這些塑像雕刻藝術和中國傳統技藝結合的作品，形神並茂，富有民族風格和浪漫色彩，乃是佛教藝術的高峰。

著名的放生池在寺西花園中，形如蝌蚪而面積很大，池內魚鼈眾多，都是信眾放生的。魚大者長可達二米，其中五色鯉魚鮮豔奪目，堪與杭州玉泉魚媲美。遊客如有機緣，可以看到池中潛伏的大黿出來，此黿壽齡已有三百餘年，其背有兩三張桌面大，真是罕見的爬蟲動物。當牠出水時，掀起嘩嘩水聲，威風十足，似乎顯出牠是這池中之王。只是我倆遊園時，無緣看到大黿，祗有想像而已。西園寺的五百羅漢像等雕塑藝術和放生池中的水生動物，聞名於世，不是沒有道理的。

滄浪亭

滄浪亭在蘇州城南三元坊附近，以清幽古樸見長，極富山林自然之美。五代吳越廣陵王在此建池館，五代末泰寧軍節度使林承恩在其旁建園亭，北宋蘇舜欽學士流寓蘇州，賞此勝景，遂出資布置湖石，臨水建亭，名曰「滄浪」，並作「滄浪亭記」，記亭之勝。明代古文大家歸有光亦作「滄浪亭記」，則記此亭之屢經興廢及論世之意，滄浪從此名聲遠播。

二〇〇七年五月四日，我與妻遊「西園寺」後，搭計程車到滄浪亭遊覽，此亭面積約十六畝，園外環水，園內見山，佈局以假山為中心，跨過五曲的小橋入園，一座土山橫陳於前，山上石徑盤迴，林木蒼翠，步道兩旁，長滿各種花草，生機蓬勃。園中「明道堂」高大宏敞，充滿藝文氣息，這是明清兩代文人講學之所。「明道堂」有迴廊複廊與清香館相連，複廊修長，迴廊起伏，廊上精巧的漏窗共有一百零八式圖案花紋，無一雷同，為園亭建構一大特色。由觀水軒至觀魚處一帶臨水複廊，將園景分為南北兩種不同境界。複廊中數十個漏窗將園外水景映入園內，將園中山色透出園外，使水面、池岸、軒亭、長廊、假山、古木，互相映襯，借景生色，具有多樣的景觀。

園西南有十數種翠竹環抱的建築，名「翠玲瓏」，前後都是落地的玻璃長窗，在屋內便可清楚看到外面的青翠篁竹，挺滿綠意。看山樓在園的南面，一座假山之上，上下兩層樓台，飛檐翹角，格調古雅，登樓看各處景物，歷歷在目。樓下的石屋門上的匾額「圓靈證盟」係清名臣林則徐手書，此處的文化氣息，由此可見。

翠玲瓏之北，是著名的「五百名賢祠」，刻有自春秋至清代二千五百年間與蘇州有關的名賢五百九十四人，其中有吳季札、伍子胥、李白、白居易、范仲淹、文天祥、韓世忠、唐寅、文徵明、祝允明等，這所名賢祠是蘇州深厚文化、人文的薈萃象徵。

滄浪亭外緣四周流水環繞，水聲潺潺，園內樹木蔥蘢，風景幽雅，亭有楹聯曰：「明月清風本無價，遠山近水皆有情」，縱觀滄浪的山水建構，確是充滿濃厚藝術的色彩。

拙政園

二〇〇一年四月九日上午，偕妻及進叔遊拙政園，拙政園位於蘇州婁門內東門街上。明正德年間，御史王獻臣官場失意，歸隱蘇州，營建此園，取名為「拙政園」。其後數百多年間，名園屢易其主，歷經滄桑，幾度改建，業已成為詩情畫意風雅脫俗的名園，堪稱蘇州園林的典型代表。

拙政園分東中西三部分，東園園中矗立一座山，幾個亭子分列各處，曲橋流水，豐草綠褥，襯著蔥蘢的林木，顯出江南水鄉的特色。越過土山，經過石拱橋，穿越長長的複廊，便到了「倚虹亭」，亭在長廊上像在臥虹之中，因是取名「倚虹」。

倚虹亭之西，便是中園，中園面積十八點五畝，水面約占五分之三，主景以池水為中心，池中築有土山，上有香雪蔚亭和待霜亭，池中央有「荷風四面亭」，有曲橋可通，亭柱有一對聯：「四面荷花三面柳，半潭秋水一房山」。站在亭中向四方觀看，面面是景，處處入畫。

亭南的香洲，前部似舟，後部為樓，造型別致，香洲三面臨水，池中千葉蓮，香遠四溢，提名香洲，名不虛傳。亭西北聳出地面的「見山樓」，宏麗高敞，登樓遠眺，四周諸景，歷歷在目。

「遠香堂」是工藝十分精緻的建築，周圍全是明淨的落地長窗，因而通體透亮，在堂中外望，各方勝景都清清楚楚在眼前出現。遠香堂東南的枇杷園，園內有「玲瓏館」、「嘉實亭」，周遭枇杷、芭蕉及竹林，交相掩映景色天然。

拙政園西部園林以狹長廻環的水面為主，「鴛鴦館」、「浮翠亭」建構都典雅精巧，倒影樓一帶的波光雲影和留聽閣到塔影亭的山澗溪流，皆與水結緣，水木清華。「與誰同坐軒」小亭，玲瓏工巧。在此閒眺山光水色，大有蕭然意遠之感。盆景園的盆景品類繁多，奇花異卉，爭姿鬥妍，樹木蔥蘢，山石嵯峨，可謂盆景的王國，值得遊客去細細欣賞。

虎丘

二〇〇一年四月九日，我偕妻及進叔遊蘇州耦園後，接著去遊虎丘，虎丘在蘇州城西北約七里，據吳越春秋載，吳王夫差葬其父闔閭於虎丘山中。我們從頭山門進入，經二山門開始登山，步上一條緩緩升高的石板磴道，兩旁古木參天，濃蔭覆地，景色秀麗。經過雪岩寺，憨憨泉，枕頭石，到試劍石，試劍石是一塊半埋於土中的長圓形巨石，當中被一裂隙分為兩半，隙口筆直，如刀劈劍砍，據說是吳王將巨石劈為兩半所致。再過去則是大石盤陀，平坦如砥寬有數畝的「千人石」，這是虎丘的中心景點。四圍重巒疊翠，風景如畫。在北邊正中半山有悟石軒，東北有遠眺林野的「平遠堂」及模寫山勢高遠的「小吳軒」。西面有第三泉（第一泉在鎮江，第二泉在無錫），西北有與「悟石軒」隔峽相望的「致爽齋」。我們因時間有限，對各景點只有匆匆一瞥，無暇細賞。登上虎丘的山頂塔院，看到高高的「雲岩寺塔」，俗稱虎丘塔，始建於隋代，經宋代重建，是一座平面八角形高七層的磚身木檐的仿閣樓形的寶塔，迄今已歷千年，仍然聳立。它和杭州的雷峰塔建造年代相近，故被譽稱「江南二古塔」，但雷峰塔於一九二四年倒塌，二〇〇二年重建，而虎丘塔迄今無恙，尤為難能可貴。

虎丘塔西邊有石觀音殿和冷香閣，西南有依山勢高下逶迤建築的「擁翠山莊」，東邊和南邊，崗巒起伏，樹林茂密，其中有盆景集萃的「萬景山莊」，盆景的多種多樣巧藝，令人讚賞。「千人石」北邊正中山下有一石龕，叫「生公台」，傳說晉竺道生在此聚石為徒，講涅盤經，群石為之點頭。「劍池」在虎丘山上，水深二丈餘，終年不乾不溢，令人驚奇，經人勘察，原來有一條暗渠從「第三泉」經鐵華岩流入劍池，另一條暗渠從「千人石」注入，於是使泉水豐盈始終不竭。

真娘墓在劍池之西，真娘唐時吳妓，行客感其生前華麗，競為題詩於其墓樹（見雲溪友議），如今遊人至此，還有謁墓寄勝的哩！

我們到此遊覽之時，恰逢二〇〇一年虎丘藝術花會節（三月十日—六月五日），步道兩側擺滿花卉、盆栽、盆景，千紅萬紫，爭奇鬥豔，因是遊覽門票調高到每張三十五元人民幣。然是能遊吳中第一名勝的虎丘，還是值得的。

同鄉聯誼會赴浙江參訪

台灣樂清同鄉聯誼會陳會長道翰領導鄉親組成三十人參訪浙江名勝團，自二〇〇六年十月三十一日出發至十一月十四日返台。本人係團員之一，茲略述探訪勝蹟，希望留下山水的屐痕。

十月三十一日上午十一時搭國光汽車到桃園機場第一航站，鄉友陳卓民伉儷等已先到了，稍後陳會長等陸續來到，十三點四十五分華航飛機起飛，十七點三十分到香港，再搭東方航空香港至溫州，十九點起飛，二十點五十到了溫州機場。樂清對台辦公室王主任江涌、聯絡人丁海衛先生等來接至樂清市樂成鎮喜來登大酒店就宿。

次日（十一月一日）早上樂師同學徐建華、鄭聖鵬、倪岩琪、趙岩菊、徐樂興、謝賽蘊來酒店一樓大廳與我歡聚，暢談往事。謝賽蘊已患老人癡呆症，記憶模糊，對同學都不認識，她先生遂伴她先行返家。我們共搭計程車到徐建華家盤桓，他家客廳寬敞，布置雅致，我們一邊敘舊，一邊品茗享用水果。十一時稍過，建華伉儷偕同學們到附近餐廳進餐，菜餚豐盛，大家邊吃邊談，歡樂洋溢。聖鵬等雖教書多年，但因他們任教年代不講普通話，故滿口溫州方言，鳳君和我皆聽得霧煞煞，倒是建華和她先生能講普通話，可以溝通無礙。餐後，建華先生還陪我倆到鄰近銀行將美金兌換人民幣若干，然後我倆搭三輪車返酒店。

下午，呂先清同學偕石坦鄉親來訪，至四時辭去。五時半許偕鳳君到近處「湘湖人家」餐廳用餐，其中有回鍋肉，味道不錯，我倆吃了不少。返寓不久，萬雲伉儷來，邀請到他新居看看，那是新建成的大廈七樓，家具全部煥然一新，客廳宏敞，設備摩登，我們談興頗濃，但顧慮他倆明天上班，九時多回寓。

一、樂清訪勝

十一月二日，偕鳳君搭三輪車探訪樂清師範，但樂師已幾度滄桑，原樂成鎮文筆巷舊址早已面目全非。一九八六年樂師遷到樂成關東塔下建成的新校舍，規模恢宏，氣象蓬勃，可是到了二〇〇一年，學校又因應時代需求改制為溫州市教師教育院附屬高中，樂師走入了歷史。我倆到校時八時許，全校師生正在大操場做早操，學生們神態活潑，動作伶俐，十分可愛。教務處外展示教育設施的各種成果圖表，彰顯許多進步的跡象。

我又搭車找文筆巷原樂師舊址，但未找到，車子沿著山邊前進，竟到了西山莊景賢路林場民主政治建設長廊，一條小溪從山坡流下，婦女在溪中洗衣，溪邊雜物堆積，未能保持河水的潔淨，實在遺憾。

再搭車經過樂清市政府，沿著伸展的湖水進發，到靈浦公園停下，進入園中，有一玲瓏的亭台，設有退伍軍人管理處，惜門鎖人空，庭園寂寂，我憑欄取景攝影留念。

由靈浦公園到樂成鎮雲浦南路埔東台樂一村（一九九五年建成）參觀，該公寓係由前會長盧文周主導籌備規劃建成的，六幢雙拼五層公寓，共七十戶，式樣高雅，屋外植有花木，景致宜人，大門前緊鄰一個袖珍花園，具有美化的環境。

中午，又到「湘湖人家」午餐，餐後返「喜來登」休息，三時許，鳳君腹中不舒服，上吐下瀉，隔了一會，我跟著上吐下瀉三次，遂懷疑吃了不潔之物。

五時許，萬雲姪接我倆到喜來登二樓雅廳就宴，明廣（小旺表兄子）伉儷、衛國（茂旺表兄子）伉儷等同席。我和鳳君因腸胃不適，對著滿桌佳餚，卻叫來稀飯，但仍毫無食慾，不敢下箸，只喝開水。不久肚子作怪，趕緊到洗手間上吐下瀉，回來不一會，又腹痛再去嘔吐，這樣來回四次，後兩次扶住馬桶大吐及下瀉得厲害，苦不堪言。萬雲見我久不回席，跑來看我蹲在馬桶邊掙扎，感到事態嚴重，他倆夫妻遂急駕車送我到樂清市人民醫院（溫州醫學院教學醫院）診療，業經醫生診斷後，即交護士給我倆打點滴、服藥，情況漸漸好轉。然後他送我返「喜來登」已十一時多矣。他倆夫婦殷勤照護，真使我們心感不已。

十一月三日，本團到大荊參訪南閣村牌樓及該村農場。中午，仙溪鎮鎮長宴請本團團員。下午，遊虹橋及王十朋墓。晚，樂清市市長宴請本團團員，並互贈紀念品。我和鳳君因病在寓休養，整天行程皆未參加，大好機會失之交臂。人朝弟昨晚得萬雲電話，說我腹痛嘔吐，即從大荊趕來看我，今早又來相伴。後接人生弟小兒文建來，他在樂成讀小學五年級，各科成績皆佳，住校生活有專門輔導老師照顧，全盤負責代理父母的教養任務。

萬雲太太給我倆特烹中餐、晚餐稀飯和清淡菜餚，十分周到。傍晚，蓮香夫婦偕小兒萬賢，蓮玉妹偕子建明均從大荊來萬雲家探視我倆，萬雲能言善道，大家談興很濃，八時多，蓮香等才返。

二、柳市、南岳、洞頭、溫州五馬街

十一月四日上午參訪柳市工商建設，柳市原為農業區，平疇廣袤，綠意滿眼，今則工廠林立，看到許多的高樓大廈，這是工商業發展很快的地區，尤其低壓電器、電子原器件等產量及銷售額冠於全國，且外銷全球，享譽世界。凡各處寄柳市信件，不寫國別省別縣市別，僅寫柳市即可寄到，可見其名聲之大。

下午轉到樂清灣方面，參訪浙江省火電建設公司，樂清灣浙江樂清電廠，該電廠工程費人民幣一百零八億，二〇〇八年完工。

到了南岳鎮沙港碼頭，建設還在起步階段，這裡遙臨玉環縣，海波汪洋，可泊巨舶，將來想必可建深港的碼頭。

五日上午，我們搭遊覽車經甌江靈昆大橋往洞頭參訪。洞頭在溫州灣之東、玉環島之南，共有一〇三島，有人住的島十四個，人口十二點六萬，居民大多從事漁業。一九六〇年設洞頭縣，現在溫州到洞頭有橋，而洞頭本身有五個島以橋相連，交通便利。九時多，到花岡村，山石崎嶇，村舍棋布，且有不少四五層樓房，可見漸漸走向現代化。洞頭馳名景點仙疊岩，山徑陡峭，上上下下需走不少時間，遊伴中有些年老體衰，翻山越嶺，確是艱辛。此處有一橋建築工巧，橋堍相鄰巨岩，岩面刻有錢君匋題「神龜聽經」四大字，倚橋看海波奔騰，氣象萬千。

下午，去看天下第一屏、半屏山，乘船來回約半小時，每船可坐二三十人。在船中看兩岸經過的陡峭山崖，風景奇絕，恰似流動展開的畫圖。後經海濱公園，去中普陀寺參觀。該寺集資三億多人民幣，建築規模宏偉，迄今尚未完工。這寺依山建築，第一層設傳經堂，大殿，餐廳，第二層三層依山斜疊上去，大圓通殿聳立頂層，黃瓦翹檐，遙接蒼穹。

晚宿溫州大酒店，酒店近中山公園，我們將行李安置後，即偕妻去遊園。園中有狹長的湖，停靠著不少遊艇。進大門不遠，置有兒童遊樂場，各處都有蒼翠的樹木，爛漫的花草，較我五十多年前所見，有了很大進步。晚餐係溫州對台辦公室陳主任宴請本團團員，至感盛意。晚餐後，我倆又去逛最熱鬧的五馬街夜市，燈光璀璨，遊客如潮，街道禁止車輛進入，行人信步逍遙，安全無虞。

三、青田石門洞

六日上午，從溫州到青田遊覽：（一）青田石門洞，石門洞係國家森林公園，有「石門飛瀑」、「太子勝景」、「師姑草海」三大景點。我們主要看「石門飛瀑」，從一百一十二點五米高的懸崖上傾瀉下來的瀑布，如珠如霧。瀑布下深潭有三畝之廣，青碧有如藍靛，被譽為「天泉」「聖水」，即使到了冬季，水量仍大，堪稱「華東一絕」。

石門洞內，群山環拱，樹木蔥鬱，晉代詩人謝靈運讚稱「東吳第一勝」。森林公園中尚有「積銀潭」，潭水潔白如銀，水深可以泛舟，潭旁築有觀瀑亭，刻有李白詩：「何年霹靂驚，雲散蒼崖裂。直上謝銀河、萬古流不竭。」足見此瀑的水量豐沛奇美。

（二）劉基讀書處遺址：劉基被稱明朝「開國文臣第一」的國師，這裡除了他的讀書處，還有他的祠——劉文成公祠、國師樓等勝蹟，我們在此盤桓頗久。劉基以開國之勛業，兼傳世之文章，可謂千古人豪。

（三）陳誠紀念館：陳誠生於青田縣高市外村，曾任台灣省政府主席、行政院長、副總統。紀念館設在「石門山莊」之中，館內設有陳誠塑像，館外四周樹木花草茂盛，環境清幽，想係中共改革開放後發展觀光而設。

青田石著稱於世，溫潤如玉，質地細軟，便於雕刻，因此銷售世界。我買了青田石章二，石烏龜五，作為紀念。

四、龍游石窟

下午，從青田至龍游遊龍游石窟，龍游石窟位於靈山江注入衢江的交匯處，導遊帶領我們沿著石級階梯曲曲折折下去，瀏覽了五個洞景，茲撮述要點如下：

一號石窟：地面平整，只有一根擎柱，離窟口不遠之處，有魚、馬、鳥三種動物雕刻圖。

二號石窟：因窟頂支撐面大，有四根立柱，該窟光線充足，大廳寬敞，有石桌、石礅供人休息。

三號石窟：該窟較二號窟大，呈長方形，但東北角尚有部分未挖掘，因而成缺角矩形，西邊有少量滲水。

四號石窟：進口為一平台，右側為陡峭石壁，左側是沿壁而下的石階，窟底較平整，中部為矩形方池。

五號石窟：規模較小，其進口處有未排出的大量土石，窟呈矩形，有三根擎柱南北向排列，東北角亦有矩形水池。

上述五個洞窟，是一九九二年六月九日村民抽水將深塘抽乾發現的，但究竟如何形成，迄今仍是個謎，因此亦稱「龍游謎窟」。夜宿龍游郵苑大酒店。

五、蘭　溪

（一）諸葛八卦村：七日早上從龍游到蘭溪，首看「諸葛八卦村」，該村座落在蘭溪市境內是蜀漢丞相諸葛亮後裔最大聚居地，村中現有居民近四千人。此村是諸葛亮第二十七世孫諸葛大師按九宮八卦佈局設計的，現保存完好的明清建築有二百多處，為重點文物保存景點。其中丞相祠堂、大公堂、春暉堂、農坊館、天一堂、雍睦堂、大經堂、壽春堂為旅遊熱點。大公堂中懸刻諸葛亮誡子書，文曰：「夫君子之行，靜以修身，儉以養德，非澹泊無以明志，非寧靜無以致遠，夫學須靜也，才須學也，非學無以廣才，非志無以成學，淫慢則不能勵精，險躁則不能治性，年與時馳，意與日去，遂成枯落，多不接世，悲守窮廬，將復何及。」

諸葛八卦村沿續書香，明清兩代中進士的五人、舉人六人、廩生、貢士、秀才很多，足以看出諸葛後代才俊輩出的概況。

（二）地下長河：地下長河堪稱全國洞府泉流之冠，河長大約有兩三公里，一九八五年開放觀光。河中供遊客遊艇，每船可坐八人，從照明中向懸崖峭壁的地下河中緩緩行駛，有時觸撞崖岸，船夫用櫓檔開，在驚險中前進，直到狹窄極處無法再進停航。我們上岸，沿著開鑿的窄徑在微光中艱辛地走回原點。這與昆明的地下威尼斯不同，「威尼斯」是船去船回，地下長河是船去走回，更添了艱辛的難度。惜長河中光線暗淡，不易拍攝奇景，我們只有在「長河洞天」柱旁，攝影留念。

（三）趙四小姐故居：趙四小姐名一荻，祖籍蘭溪，這裡「綺霞園」是她的故居，瓦屋磚牆，陳舊木門，顯示流過古老的歲月。她十八歲即和張學良一起。九一八事變，日本侵入東北，政府當時因準備不夠，決定不抵抗，告誡張學良不要與日本交戰，致東北迅速淪陷。國人非常憤慨，黨國元老馬君武出於義憤，寫詩「哀瀋陽」，其一是：

趙四風流朱五狂，翩翩蝴蝶正當行，
溫柔鄉是英雄塚，那管東師入瀋陽。

詩中趙四，指的是趙一荻小姐，她那時年紀輕輕，即因此揚名於世。西安事變時，她二十三歲，旋張學良被判刑軟禁，她一直陪伴不離。到了五十三年，她和張同甘共苦已二十八年（她已五十一歲），才與張學良在台北補行婚禮，這真是經得起考驗的「患難姻緣」。

蘭溪的女導遊年輕伶俐，能言善道，當車子經過設在蘭溪的浙江師範大學時，她介紹這是她的母校，校舍整齊，規模很大，學生有三萬多人，現今除成績優秀的學生仍可由政府分發，一般的要自行擇業。

下午別了蘭溪，遊覽車開到義烏，參觀小商品市場。義烏市近年進步迅速，雖說是小商品市場，各種貨品琳瑯滿目，陳列得井井有條。服務員態度和藹親切，善於促銷，我們買了衣服，價格相當便宜。晚宿東洋市橫店國貿大酒店。

六、紹興

十一月八日早上，遊覽車開往紹興，紹興GDP 全國列二十八，省列第四，發展很快。我們這次參訪勝蹟如下：

（一）魯迅故居：魯迅享譽文壇，一般認為中國最偉大的作家，全世界以詮釋魯迅作品而獲得博士學位者，現已超過百餘位之多。魯迅作品沈痛深切，犀利真摯，民族性特強。魯迅故居高懸魯迅圖像，偌大的牆上突出「民族脊樑」四個大字，可謂實至名歸。

魯迅故居，保存良好，室內的衣櫥、被櫃、書桌、八仙桌、籐心椅子、圓竹筐、茶缸、設有頂架的大木床、香爐、蠟燭台等；室外有天井、石臼、水缸、水桶，院子裡長著橘子樹等，猶是保持清末民初時代的情狀。屋子前前後後有五進，每進有五間到九間，總計有二三十間之多，因為魯迅祖父是進士，由翰林庶吉士散館授編修等京官，故其屋宇有大家氣派。

魯迅有「從百草園到三味書屋」一文，有「出門向東，走過一條石橋……從一扇黑油油的竹門進去，第三間是書房。中間掛著一塊匾道：『三味書屋』」。這三味書屋有兩間是魯迅跟老師讀書的屋子，現在還保持舊貌。

（二）沈園：這是宋代大詩人陸游與初娶唐氏重逢賦詩的園地，按陸游原配唐氏，伉儷情深，但卻得不到婆婆的歡心，終於仳離。唐後改嫁，曾以春日出遊與陸游於禹跡寺南沈氏園相遇，陸悵然久之為賦「釵頭鳳」一詞，題園壁間，唐氏亦寫詞酬答。今沈園刻有兩人的詞，供人欣賞。

午餐後，去酒廠參觀，成堆的酒罈重重疊疊，是酒的產地儲藏庫。後來，我們被領到一間室內，品嚐有五年、十年、二十年、二十五年的陳年紹興，尤其二十五年的味道特別香醇。後來去柯岩景區。

（三）柯岩景區：柯岩岩石雄奇，樹木挺秀，令人賞心悅目，景區內有園林、石佛、觀世音像、一炷獨天、禪寺、彌勒殿等景點。其中譽稱「天下第一石」的「爐注晴煙」，高高聳立的奇特形狀，引人注目。我們進入禪寺，一貫道士慫恿看相，決斷休咎，並請行善獻金。遊伴有好幾位前去看相，並慷慨捐款，積德祈福。

柯岩近有鑑湖，鑑湖碧水平波，四面垂楊婆娑，且間有奇石出現，真是絕好的風景所在。晚宿延安路神州大酒店。

（四）大禹陵：十一月九日上午遊大禹陵，禹陵是紀念大禹的所在，在禹繼父之業治平水患，於是受舜禪位為天子，即以初封之地夏為天下之號，史稱夏禹，死後葬於會稽（即今紹興）。現在大禹陵立有碑記，一坊架著橫匾，一亭懸著大鐘，一亭設著大鼓，還有禹廟等紀念建築。整個禹陵佔地甚廣，像個很大的莊園，花木繁多，草色綿芊，具有恢弘的氣象。我們來時，遇到某小學五年級的學生數百來此參觀，青春的臉上，洋溢歡笑，可證禹陵是不寂寞的。

（五）蘭亭：十時許，遊蘭亭，蘭亭位於紹興西南十餘公里的蘭渚山下，是東晉王羲之邀集友人會於蘭亭修禊賦詩而著名於世。王羲之少時穎慧，學富才高善書法，有重名於時，起家秘書郎，歷官征西將軍、寧遠將軍、江州刺史、會稽內史、拜右將軍等官職。後棄官歸隱，精研書法，盡善盡美，稱為書聖。

現在的蘭亭已不是往昔的原址原亭，而是清康熙皇帝三十四年（一六九五）於天章寺前重建的御碑亭。碑亭八角攢頂，重檐翹角，韻致高雅，康熙親書「蘭亭集序」全文於碑，因稱御碑亭，字體遒勁，令人讚賞。四周林木蒼翠，花草繁茂，蘊有寧謐的意境。

蘭亭景區，林木扶疏，修篁夾道，景色優美。我們在鵝池碑亭、蘭亭碑亭、流觴亭、曲水流觴處、王右軍祠及蘭亭書法博物館等處，徘徊一陣，因限於時間，不及細賞離去。

七、天台國清寺

九日在紹興午餐後，遊覽車即向天台國清寺進發。國清寺有三聖殿，羅漢堂等莊嚴佛宇，並有一千四百多年的梅樹，每年結梅很多，實在世間罕有。來此進香的男女絡繹不絕，而僧尼成列成群禮佛，香氣氤氳，充滿祥和。倪漢良鄉親，此次參加旅遊主要目的，是為到國清寺達成禮佛的願望。

從國清寺出來，要趕返樂清喜來登酒店六時的宴會，故行程緊湊，幸好一路順利，五時許就到達酒店。六時多，本團設宴回請林副市長、林主任江涌等貴賓，席開五桌，賓主盡歡。

晚宴甫畢，人朝、人生、萬雲伉儷來，遂同至酒店八三五房商議我明（十）日晚上於雁蕩山銀苑飯店宴請親友事宜。

八、故里親情

十一月十日晨，人朝、人生兩弟來，我倆已整好行李，七時二十分早餐剛畢，萬秀甥駕車來接，將大件行李轉放萬雲家，然後駛向大荊鎮市區，買了香燭、鞭炮、水果，再駛向到蔡界山故里，首先探訪亭弟、朝弟兩家，並贈送弟媳等金飾。旋偕諸弟及姪輩甥輩等到雙親墓前奠拜，燃放鞭炮，向在天雙親致意。思親亭已經朝弟在刻字上加填黑漆，字體鮮明，十分醒目，我們並攝影留念。返回村上遂到守進叔家探訪，進叔患帕金森氏綜合症頗久，今年春從台灣回里，雇人照護已半年多，平常眠食還好，惟頭腦不清，記憶力衰退。希望他雇有專人照護下，安度晚年。

中午在大妹蓮香家午餐，菜餚豐富，海鮮為多。午後休憩至三時許，萬秀駕車送我們到雁蕩山銀苑飯店。客人陸續到來，茂旺表兄高齡八十九歲，耳聰目明，行動還靈便，胡宗傑、盧美琛、胡駿、呈寶（曾任大荊鎮書記）、衛國（茂旺長孫）和弟妹家人及萬雲伉儷等皆先後來到，充滿熱鬧。五時半許開宴，兩大圓桌，坐滿二十多人，萬雲姪因係永嘉農業銀行行長身份，早對該行關係企業的銀苑飯店有了安排，故宴席豐盛，色香味都很講究。使每位客人吃得津津有味，大為稱賞。大荊鎮鎮長湊巧在隔房宴會，亦前來向我們敬酒，盛意可感。

銀苑飯店有游泳池、網球場、花圃、樹木、花草等美化設施，當今土地難得而又價格奇昂的社會，具有這樣周邊寬廣園地的賓館，真是難得看到的。

九、返鄉遊屐

因為十一月三日本團參訪大荊南閣村時，我因胃腸不適未能前去，感到遺憾，故利用返鄉自由活動的日子，遊歷幾個景點，以償宿願，茲略述如下：

（一）南閣村牌樓

十一月十一日晨七時半，萬秀甥從溪坦駕車來雁蕩接我們，到南閣古村看牌樓群。南閣村是明代忠節名臣章綸故里，從該村進去，一條古老的街道，前後有五座牌樓出現，分別是「會魁」、「尚書」、「方伯」、「恩光」、「世進士」。牌樓的頭號人物章綸（1413~1483）係明正統四年進士，官至禮部侍郎，勤政清廉，卒後賜禮部尚書，謚「恭毅」，贈「忠節名臣」匾額。牌樓群中的「會魁牌樓」、「尚書牌樓」係旌表章綸功績；「方伯牌樓」係旌表紀念章綸次子玄應功名功績而建，玄應，明弘治九年進士，官廣東布政使，爵位方伯。「恩光牌樓」係為章綸從子章玄梅而建的。玄梅舉人出身，官江西湖口知縣，勤廉愛民，湖口民眾特來南閣村建「恩光牌樓」紀念。「世進士牌樓」為旌表章綸曾孫（玄應孫）朝鳳而建。朝鳳進士及第，殿試中傳臚，官廣西參議，因其曾祖父祖父及他四代三進士，故牌樓定名「世進士」，表示其家世代皆出進士也。現在浙江省政府將南閣定為文物古村，二○○二年升到為國家文物保護單位。該村大多老舊，想係為保留古蹟情狀，沒有擴建進步的建築。

（二）顯勝門

十時左右，赴顯勝門參觀，顯勝門屬龍西鄉，離仙人坦不遠。這是兩座削壁對立的山峰，靠得很近，上窄下寬，頂端挨近不到七公尺，遠遠望去只見矗立的削壁間一線藍空豁然出現，令人驚詫不置，嘆為奇境。

顯勝門實在難走，要從崖間削壁上的棧道攀登或抓住柵欄鐵鍊上去，十分驚險，鳳君和我虧得人生、萬雲、萬秀等幫助摻扶，才得安全上去和下來！

原來計劃還要去山水岩，因據鄉人告知，近二個多月未下雨，山水岩瀑布乾涸，我們遂決定不去。

中午，到盛家塘吃多樣海鮮，萬秀作東。餐廳整齊寬敞，可見即使海邊漁村，亦是一片繁榮景象。飯後，駛至石門潭參觀，看兩岸對峙的深潭，田嶴溪從上流湧來，碧水揚波，層浪閃動，徐徐向前奔流。岸邊有幾位婦女洗衣，喁喁談笑，逍遙自得，顯示鄉村閒適的風貌。

（三）方洞、梅花洞

三時許，折返雁蕩去遊方洞，方洞在山崖凹處，亦頗難走，攀登上去後，看到有一方形洞府，因名方洞。這裡擺置著許多捐獻者姓名及金額的石碑，一身穿著長袍的居士前來邀我捐款，我們行腳匆忙，無意在此奉獻，遂匆匆出洞。再前行，小心翼翼的走過方洞棧道，約七八分鐘到了梅花洞，洞狀梅花，面對大海，設有茶座。萬秀等叫來茶水及茶點，大家坐下休息，輕鬆享用。旋再循棧道前行，沿崖小徑，相當驚險，幸有護欄可依，安全性高些，但俯瞰數十丈深海碧浪，亦令人惴惴不已哩！

從梅花洞回轉到雁蕩外邊的「香噴噴餐廳」，叫來海螺、蚵仔、黃魚、海蜇、蝦走彈、鰻魚及綠豆麵、大盤菜等滿桌菜餚，萬賢甥作東，萬雲有事，餐未畢即返回樂清。

晚宿雁蕩有名的「朝陽山莊」，這是江澤民主席遊雁蕩時在此住宿的賓館，房中有嶄新講究的盥洗用品和內衣褲等供應，其中有些須按價給付。

「朝陽山莊」係別墅式賓館，有些三層，有些單層，周邊植有樹木花草，並設「休閒中心」，內有棋牌、桑那、酒吧等設備。山莊後懸崖削壁，雲霞捲舒，富有山壑的幽居之美。

十、探訪大陳島

十一月十二晨七時多，甫進早餐，萬秀甥來餐廳找到我們，這次他偕妻子及一位十二歲男孩來。餐畢即一起上車向椒江（台州市府所在地）進發，大概有六十公里路程。九時到了椒江，去碼頭洽詢，才知椒江到大陳間航輪一天僅上午八時開出一班，下午三時大陳開返椒江一班，其他別無船隻，於是我倆偕人生弟住入錦都大酒店，約萬秀甥等同在房中休息。十一時半到街上覓一餐廳用餐，萬秀出手闊綽，叫來滿桌菜餚，餐畢，駛往市區瀏覽街景，二時多，萬秀等返大荊。

四點四十分左右，我倆偕人生弟到碼頭參觀，五時許大陳－椒江的航船開返，下船的乘客，有些攜帶物品，有些輕裝成群的走向碼頭，走向街上。我前去打聽情況，得知船票今天可以預購，於是去買好明天到大陳船票，三人共三百元人民幣。

買好椒江－大陳的船票後，心情輕鬆，於是趁暇逛逛椒江。椒江位於台州灣入口處，現為台州市政府所在地，東瀕大海，西接黃岩，北界臨海，這裡原稱海門，今擴為台州市，有「台州海洋世界」、「戚繼光紀念館」等景點。「海門老街」仍然還是最繁華的商業街，我們因限於時間，未及參訪。

我因鑒於一九五五年二月國軍大陳島撤退，迄今五十多年，而這島與我故鄉鄰近，很想去探訪該處情景。大陳位於台州灣東南洋面，由上下大陳等二十九島嶼組成，總面積十四點六平方公里，距台州市區二十九海里，是浙江第二漁場，魚汛期千帆雲集，桅檣如林，有「東方明珠」美稱。一九八三年開始，歐洲共同體和中共合作在大陳進行風力新能源的開發實驗，於是在島上裝置多座風力發電機，並設有亞太的實驗中心基地。

十三日早上八時，到大陳的航船啟行，初時濁浪滾滾，漸漸地駛入浩渺的海洋，四顧海天茫茫，看不到一島一山。十時左右，到了下大陳，我們上岸，雇一包車遊覽，索價三百元，經折價二百元人民幣，可以到各景點參觀。

（一）「甲午岩」，此處最高點海拔三十五米，岩壁如削，深入大海。一九五五年二月十三日，共軍從甲午岩登陸，因此「甲午岩」具有歷史的意義。我們停車步上岩頂，看到一個玲瓏的亭子，題名「美齡亭」，其碑文曰：「公元一九五四年五月八日，蔣中正先生偕夫人宋美齡女士於此觀光，是年秋，國民黨溫嶺縣政府修建『中正亭』，後圮，一九八八年十月，大陳鎮人民政府原地重建，名曰『美齡亭』。」

（二）世界巨浪之最：此地原有防波堤，有一年，海上掀起最大巨浪將防波堤衝垮，此後鑒於巨浪難檔，未再築堤，而豎立「世界巨浪之最」的亭子，彰顯海浪的巨大力量。看到附近仍然有少數民眾住戶，不知他們怎麼應付大浪的衝擊啊？

（三）「大陳島墾荒紀念碑」，一九五五年國軍大陳島撤退，從二月八日至十二日，總共撤走一萬七千一百三十二個島民及駐守部隊、反共救國軍、游擊隊等萬餘人，十三日，共軍從下大陳島登陸後，一週內就清除了七千四百九十七枚地雷（中共用羊群導行掃雷，以減少人員傷亡），一九五五年胡耀邦到浙江視察時，倡議民眾赴大陳墾荒，得到各省響應，至今島上居民約有兩千八百人。在下大陳山頂立有「大陳島墾荒紀念碑」。我們登上紀念碑基地，俯看各處村落，人煙再起，大陳重生的景象，不禁有世事滄桑之感。

大陳居民房子，如今四五層的水泥建築不少，可見朝向現代化邁進。島上進行綠化工作，漫山遍野的松柏衫木、麻木黃等植物，使村落之間綠意盎然。島上也可種植稻米蔬菜，因此糧食大致可自給自足。

午餐在一哈爾賓人開設的餐廳用餐，飯後，我覓大陳的特產黃魚鯗，買了五份，共價人民幣二二五元，另購若干土產，擬返時送給大荊親友。

下午三時搭大陳——椒江航船返椒江，五時到岸，人生弟覓包計程車開到「水漲」。夜來天黑路長，司機駕駛技術老練小心，平安到達小妹家，我們付了一五〇元人民幣。

小妹早已準備盛宴，七時許開席，大妹蓮香、萬秀甥等亦來參加。餐畢，萬秀駕車送我到樂清「喜來登」酒店，萬雲、萬秀、建華等到酒店八二七房間聚談，至十時左右，始行離去。

十一、熱情歸來

十一月十四日晨，將行李整好，偕鳳君在酒店前運動場散步，人朝弟來找相遇，於是邊走邊談。早餐後，朝弟邀請到他的寓所參觀，然後共去晨沐路市場，鳳君買手錶一隻。十一時，萬雲姪盛情，同其好友王先生在喜來登酒店二樓餐廳貴賓室為我倆餞行，萬雲伉儷和他的內弟等都來參加，菜餚豐富。親友們的熱情款待，使我們由衷感激。

餐畢萬雲用車送我倆到溫州機場，陳會長等已到，萬雲前隨團訪台時與會長晤識，彼此話舊一番，我們聚談約半小時，萬雲才和我們分手。

十五點五十東方航空起飛，十八時到香港轉機華航，十九時五十起飛，二十一時二十五到台北，通關耽擱不少時間，出關後搭計程車返寓，已十時半矣。但是精神昂奮，心中滿懷這次浙江訪勝帶來許多鄉親的溫情。

二〇〇六、十一、三十　於永和

普陀山　奉化溪口遊屐

普陀山

普陀山，我早於一九四八年春青年時期遊過，二〇〇七年四月二十九日，我偕妻由寧波搭車至舟山沈家門，再乘船到普陀山，由港口上岸。普陀山現為觀光景區，需買門票，每人人民幣六十元，進入大門，首先覓旅社休息。下午，參觀紫竹林，紫竹林禪院兩層建築，覆瓦翹檐，古雅風致，兩側有廂房，殿前有精巧設計的神龕，這裡被稱是觀音菩薩出家修行之處。紫竹林左近一個山坡平台上，塑有瓷白閃亮高十丈的觀音像，遠遠就可看見。觀音像下，瑩潔的水泥鋪墊，有層層的梯形台階，台階外草木森森，環境幽美，來此朝拜的遊客，絡繹不絕。由紫竹林南行，至觀音跳（亦稱西方淨苑），此由天王殿、圓通寶殿、念佛堂等組成淨土專修道場，相傳觀音在此現身，後又傳觀音從洛迦山跳入普渡山的地方，留有腳印一隻，顯示觀音於此眺望大海的跡象。三點半多，到「不肯去觀音院」，位於潮音洞上方，院前有大士橋、澹澹亭、「禁止捨身燃指」碑，西臨大海，東邊樹木青翠，為一清靜之所。四時多，我們乘車去普濟寺，普濟寺在白華峰頂南靈鷲峰下，經歷代不斷整修擴建，如今規模宏偉，氣勢莊嚴，為普陀山最大的佛寺。抗戰前（一九三七）僧眾有一千多人，寺內有大圓通殿、天王殿、藏經樓、鐘鼓樓等殿宇九座，寺前有海印池，廣十餘畝，池內植蓮花，函萏亭亭出水，芳潔可愛。池東有永壽橋，西有瑤池橋，而御碑亭、定香亭等型構古樸典雅，並有歷史意義。寺廟四周許多數百年老樹，枝柯參天，濃蔭匝地，使寺與自然景物相契。遊人及信眾很多，香火鼎盛，寺僧誦經念佛，佛門氣氛十分濃厚。我倆在此用素齋後，辭出。

四月三十日早餐後，赴法雨寺，法雨寺為普渡山第二大寺，位置在佛頂山下，入口有巨石刻「法雨寺」三字。進入牌坊後，便是放生池，過池登山便到法雨寺。法雨寺前身是明萬曆年間創建的「海潮庵」，清康熙年間改稱「法雨寺」。寺依山勢上升建築，現有殿宇二百四十五間，六進院落，規模雄偉。寺側的古樟蔽天，寺後的佛頂山鬱鬱蒼蒼，遂使此寺處在山巒環抱之中，幽邃清靜，修道最宜。寺內有天王殿、玉佛殿、圓通殿，御碑殿、大雄保殿、藏經樓等都規模恢宏，結構精致。尤其圓通殿最具特色，俗稱「九龍觀音殿」，屋頂重檐黃琉璃瓦，橙黃美觀，殿內八根精雕的蟠龍金柱，一貫到頂很有氣勢。柱頂的藻井，繪有九龍搶珠圖案，而許多垂下的琉璃燈燦爛奪目，在在吸引人們的注意。

走出法雨寺，搭車北行到慧濟寺，寺在佛頂山山巔西側，俗稱佛頂山寺。明朝時創建慧濟庵，至清乾隆五十八年擴庵為寺，是普陀山第三大寺。由山腳到山上寺前，陡坡的路程不少。寺院寬敞，有殿四所，堂七所，樓五幢，規模頗大，大雄寶殿內供奉釋迦佛祖，觀音菩薩設在後面殿中，與一般寺院有別。寺的外圍，樹林叢密，郁郁青青，景色宜人。中午我倆在寺中用素餐，每份人民幣五元。

從慧濟寺下來，去遊楊枝庵，庵在雪浪山西，清涼崗下。寺中大殿後有高一丈石刻觀世音像，據云係唐高宗時著名畫家閻立本所繪。此庵位在山腰樹林間，院落幽靜遠離塵心。但遊人不多，我叩問寺僧禪修經過，他務實的坦述當前寺院偏重觀光漸漸偏離禪修的本旨，言下感嘆，這與我的看法大致相符。

普陀山的風景不少，還有海印池、千步沙、梵音洞、海天佛國等處都因時間所限，未能往遊，意猶未足。但普陀山佛國的風光，給我的印象，還是相當豐富的。

奉化溪口

奉化溪口是我國蔣故總統中正的故鄉，地位重要，成為海內外人士遊覽的勝地。二〇〇七年五月一日上午，我偕妻從寧波搭車，進入溪口，看到有座中西合璧的二層建築，門額上有武嶺兩字，東面為國民黨元老于右任所書，西面是蔣中正先生自題。武嶺右面是武嶺學校，是蔣故總統於一九二九年創辦的，他自兼任校長，為桑梓造就人才。

豐鎬房是蔣氏祖傳房屋，一九二八年蔣中正先生擴建故居，建築面積達一千八百五十平方米的規模，成為前廳後堂兩廂四廊的格局，樓軒廊廡，富麗堂皇。前廳及左右，還有三個花園，設有月洞門相通，遊客可以穿梭遊賞。玉泰鹽鋪是蔣中正的祖父和父親曾在此經營的店鋪，清光緒十三年（公元一八八七）九月十五日，蔣公在這鹽鋪樓上誕生。此處現有樓房三間，平房四間，門前牆角有蔣公題字「玉泰鹽鋪原址」。

文昌閣在武嶺學校東南，係山坡上的一座小洋房，為遊人參觀景點，路側有一人神態恰似蔣公，坐在一張靠椅上供人攝影，須付費若干，遊人要他照相的不少，可見蔣公仍給後人嚮往和懷念。

蔣母墓道，而以石牌坊、跨路亭、八角亭、墓廬、墳墓等建築而成，墓廬慈庵，建於一九二三年，一九三〇年改建，現有十一間排房，頗具規模。

溪口鎮群峰環峙，阡陌縱橫，清澈的溪流，青翠的山林，風景真是無比秀麗。

我們因限於時間，沒有到妙高台、雪竇寺等處一遊，實在意猶未盡。

太湖　千島湖風光

太湖

二〇〇七年五月五日，我偕妻往遊太湖，太湖有三萬六千頃，煙波中有島嶼四十八個，兩個半島，七十二座山峰，有東西兩洞庭山。西洞庭山較大，風景較優，於是決定遊西山。西山以石公山著名，是太湖第一大島，三面環水，一峰陡入湖心，剛勁奇險，前是懸崖，左前方巉岩層疊，右前方兩邊峭壁夾峙，中間僅容一人通過的筆直狹路，仰望青天只有一線，謂之「一線天」。

石公山「御墨亭」係清順治皇帝書贈「顯慶寺」住持而設的，富有歷史意義，不遠處有「來鶴亭」建築古雅，但不知如今仍有鶴來逗留否。

湖邊有「千人磯」，周圍有數十丈之廣，平坦瑩潔，其東有歸雲洞，寬廣可坐百人。又東為「夕光洞」，又名「寂光洞」，洞頂有大小石乳上寬下銳，倒垂至地，那石尖距地面只一尺左右，名曰「懸空塔」。從夕光洞北行數十步，即見高數百丈的聯雲峰，我們只在山下遙望，沒有上去探看拔地聳立的山峰奇景。

西山沿湖周長百四十多公里，有山有水，風光旖旎。包山寺隱在萬綠之中，門外有石橋，橋下有流水嗚咽，橋畔有古松，像虬龍側臥，景像奇特。寺東不遠有碧羅峰，高數百丈，中多奇石，山上出產「碧羅春」茶葉，名聞於世。

洞庭山漫山是花，漫山是果，如櫻桃、枇杷、楊梅、紅柿、橘、栗等皆有出產，「灰枇杷」在前清時作為貢品，故更受人重視。我們買到的黃枇杷雖不是珍品，味道還不錯哩。

洞庭西山的「古樟園」歷史悠久，政要名流，不斷往訪。我倆搭車前往，進入園中，首先看到有神樟兩棵，枝葉茂盛，千姿百態，有「江南第一樟」、「吳中第一樹」之稱。古樟園面積約十畝左右，人稱西山第一景，附近有慈航寺、願如齋、獨悟亭等，寺後有許多梅樹，暮冬時一片梅海，頓使山色增輝。

從古樟園出來，回程車輛不多，等了半個多小時才上車返蘇州旅社。

千島湖

二〇〇七年五月七日早晨，我偕妻從杭州武林路旅館出發，搭上花都旅行社的遊覽車七點啟程，九時多到千島湖。

千島湖位於淳安縣境內，這是五十年代末為建造新安江水電站築成的人工湖，新安江水庫水位高一〇八米，年發電量達十八億度以上，面積在三、七五米以上的島嶼有一〇七八個，故名千島湖。它比西湖大一〇八倍，是華東地區最大的人工湖，這裡山巒環繞，湖水澄碧，全湖分為中心、東南、西北、西南、東北五個景區。我們在中心湖區登上伯爵大遊輪，遊輪有五層，設備豪華，客廳像皇宮，坐在舒適的沙發上，觸目富麗的陳設，啜飲可口的飲料，真像在宮廷之中。到了頂樓，遠眺青翠的山巒，近睹行駛的船舶，胸襟頓覺無比舒暢，我趁機攝影數幀，留作記念。

我們離船去島上參觀，島上設有鎖展館，館內鎖具展品有廣鎖、花旗鎖、首飾鎖、刑具鎖四大類，共二百餘種，五百餘件，其中不乏暗藏玄妙的製作精品，使人大開眼界，驚訝不止。館中有聯云：「集天地奇蹟，匯古今精華」，道出鎖類的奧妙繁多。另有奇石館，奇形怪石，舉世罕見。還有鳥園，看到各種鳥雀在園內生活，若干特種鳥類如孔雀等，養在大網籠中，展翅亮出美麗的羽毛，引人注目。

千島湖魚類很多，中午，我倆與溫嶺遊客陳家夫婦共餐千島湖有名的大頭魚，味道鮮美，眾口稱讚。

一九九四年三月三十一日，台灣遊客廿四人的旅遊團，到千島湖乘海瑞號遊艇遊湖，遊客連同船員六人、女導遊二人，共三十二人，一同被盜劫持燒死在遊船底艙的慘案，震驚兩岸朝野，由是聲名大噪。人們好奇，遊客因此絡繹於途，熱鬧非常。

著名詩人郭沫若於一九六三年秋來遊，曾賦五言律詩一首曰：「西子三千洞，群山已尖高，峰巒成島嶼，平地捲波濤；電量奪天目，澤威絕旱澇，更生憑自力，排灌利農郊。」千島湖的天工與人力，於此可見端倪。

山東的尋夢之旅

我向來對山東有很深的嚮往，春秋戰國時代：齊國、魯國都在山東地區，儒家之祖的孔子生於山東曲阜，現在成為歷史文化的名城，泰山為五嶽之首，為歷代帝王封禪祭祀的山岳，青島是中國重要的海濱城市，是遐邇聞名的度假勝地。自從馬英九總統領政，於九十七年七月四日開放週末包機，同年十二月十五日開放三通後，台灣桃園機場可以直飛青島。，更激起了我要早日到山東遊歷的願望。

二〇〇九年四月廿一日下午四時，我與鳳君從家出發，搭車到台北車站，再搭國光號汽車到桃園機場候機，志洋旅行社領隊曾小姐協助我們辦理托運。8:40 飛機起飛，經過兩個小時就抵達青島流亭國際機場，產業錦江大酒店派車來接我們旅行團二十九人到該店歇宿。

威海、劉公島

次日（4.22）從青島市搭旅行車向威海進發，車開了三個多小時，才到達威海。威海在山東半島最東端，與日本隔海相望，原名威海衛，為海防重要軍港。我們由威海再坐船到隔海的劉公島，劉公島在清朝時是重要的海軍基地，也是中日甲午戰爭的地點之一。當時中國只有北洋艦隊與日方交戰，南洋艦隊及另兩支駐福建與廣東的艦隊則卻想自保實力，沒有加入戰鬥，日本則動用全國力量作戰，由是中國慘敗，提督丁汝昌自殺，北洋艦隊全覆。中國不得已與日簽訂馬關條約，割地賠款，在我國歷史上寫下慘痛的一頁。

甲午戰爭紀念館、韓國服裝城

我們參觀了島上甲午戰爭紀念館，看到甲午戰爭北洋主力戰艦定遠艦（重有七千噸被稱為亞洲第一巨艦），和當時參加海戰的重要將領的簡介資料，不由興起歷史的滄桑感慨。

午餐後，前往「韓國服裝城」，威海與韓國隔海相望，距離甚近，由是韓國人來威海經商者眾多，因此觸目有很多韓文招牌的商店。我們看了許多韓國衣服飾品，生活用品到食品，樣式眾多價格便宜，店員們笑容可掬的招呼生意，但我們行色匆匆，買的甚少。

煙台博物館

從韓國服裝城出來，乘車前往山東半島東北部煙台，該地瀕臨渤海和黃海，風光明媚，自古文人墨客異域商賈留戀之地。我們遊覽煙台山公園，山上綠樹濃蔭，有龍王廟、忠烈祠等人文景觀，並有英、美、法、德、日、丹麥等國家在山上建了領事館，共有三十餘棟西方形式的別墅、官邸，為煙台歷史文化與自然風光兼具的特色地區。

山上有「煙台山燈塔」，是煙台的地標，登上塔頂，可眺望煙台的市容及海岸風光，但是我們行腳匆匆，卻沒有上去看個究竟，真是意猶未盡。

接著我們去參觀「張裕酒文化博物館」，張裕葡萄酒聞名中外，該公司由南洋華僑張弼士（1841~1916）釀酒公司創立，孫中山先生於一九一二年到該公司參觀，對其出產的葡萄酒寫上「天降甘霖，地湧醴泉」的稱譽字句。該公司又有「酒文化博物館」，進館參觀，可以看到葡萄酒在中國發展的歷史。

酒文化博物館地下大酒窖真是罕見的奇觀，它占地二六六七平方米，於一八九四年開始興建，歷時十一年，一九〇五年建成，是亞洲最古老最大的地下酒窖。窖低於海平面一米，距海岸線不到百米，四季恆溫，卻無滲漏，實為奇蹟。這裡看到巨大的「亞洲桶王」，可以儲酒十五噸，已超過百歲，這樣龐大的酒桶，想來世界少有的。

離張裕文化博物館不遠，是「黃金石」，我們遂進黃金屋參觀，其中陳列各種黃金石，係採自金都玲瓏礦田八百米以下含有多種的貴金屬，含黃金量為最。屋中可以看到各種黃金石雕品，如釋迦牟尼等佛像，馬虎牛等動物像及金磚金碗等式樣，人們擁有這些貴重之物，會有美化生活，陶冶性情之樂，故金屬製品一直被收藏人士所喜愛。

蓬萊仙境

四月二十三日上午，乘車到山東半島最北端的蓬萊，蓬萊有「仙境」之稱，傳說蓬萊、瀛洲、方丈是海中的三座仙山，為神仙居住之地，秦皇、漢武求仙尋藥之處。傳說呂洞賓、鐵拐李、張果老、漢鍾離、曹國舅、何仙姑、藍采和、韓湘子八位神仙在蓬萊閣醉酒後飄洋渡海而去，於是留下八仙過海的神話傳說。

蓬萊閣坐落在蓬萊市北瀕海的丹崖山上，始建於北宋嘉佑六年（1061），蓬萊閣矗立山巔，俯視海山美景，氣象萬千；其側有天后宮、龍王宮、呂祖殿、三清殿、彌陀寺等建築都屬蓬萊閣的系列，與黃鶴樓、岳陽樓、滕王閣並稱為中國四大名樓。閣內文人墨寶、楹聯、石刻，眾美呈輝，其間有聯云「神州壯觀蓬萊閣，氣勢雄壯丹崖山」，頗能道出蓬萊的特色。

蓬萊閣腳下，一邊是海崖緊靠著海洋，一邊是宏偉的建築樓房，遂使蓬萊具有奇特的景色，令人神往。

淄博的古物

從蓬萊下來，開車前往淄博，淄博位於山東中部，是中國歷史文化名城著名的陶瓷之都。到淄博已四時左右，導遊領我們去看古船博物館，該館建於一九九〇年為仿古式園林建築，館內有各種古代船隻展示，是國內第二個陳列古船的博物館。

下午四時半，搭旅行車到古車博物館參觀，這裡陳列的古代車輛，係二千年以前所造，春秋時曹劌論戰，莊公和曹同坐一輛兵車，證明那時的車輛可以供戰爭使用，足見相當進步了。稍後去看殉馬車遺跡，據說這裡出土的殉馬車比秦始皇時的兵馬俑還早兩百多年，此處又有商代壁雕，就是在壁上雕刻車戰的情景，凡此種種，都可見證古代的文化發展的業績。

晚宿淄博萬豪大酒店，位置在淄博市人民路西首，設備規格頗高，房間寬敞，設有辦公桌，桌上有檯燈、電話機，窗外視景良好，為此次旅遊最感舒暢之賓館。

岱廟、泰山

四月二十四早上八時，乘車由淄博駛向泰安，十時半，到泰安岱廟，凡國君要到泰山祭拜，必經岱廟逗留。我們旅行團進去參觀，應補加人民幣二十元門票。廟的規模宏大，巨樹參天，枝葉聳翠，但有幾棵光禿禿枯樹，呈現奇特的形象，遊伴有的還特為之攝入鏡頭。進入岱廟大廳，需買一元人民幣的塑膠套在鞋上才得進去，以維清潔。大廳內掛有泰山神起蹕回鑾圖，具有歷史文物的意義，廳外廣場東面，有宋書法大家米芾寫的「第一山」立碑，鳳君特為攝影留念。

十二時半許，順途至一淡水珍珠店參觀。珍珠種類很多，店中職員為我們講解珍珠產生的經過情形，並在現場將一蚌殼打開給我們實地觀察裏面珍珠生產的過程，遊伴們看得很有興趣，並有幾位買了一些珍珠。下午二時多，到了泰山，泰山號稱東嶽，為五嶽之首，為歷代帝王封禪祭祀的山嶽，巍然屹立，拔地通天，清姚鼐有「登泰山記」，謂由南麓登四十五里，道皆砌石為磴，其級七千有餘，海拔有1545公尺。我們生在現代，可不像前人那麼辛苦，輕鬆的乘纜車上去，再攀爬二十多分鐘，即可經南天門、天街而達盪胸生層雲的玉皇頂了。有些遊伴見我年已耄耋，好心的向我說，如果登山吃力，不要逞強。我有妻子在旁照料，覺得體力尚可，抱著不急不忙的心情，竟順利爬到峰頂玉皇頂了，自覺已達登臨泰山的目的，心中至感欣慰。

泰山刻上名人的字跡頗多，茲錄幾例如下：

彭真：山高望遠

喬石：海岱縱目

徐向前：登高壯觀天地間

清朝姚鼐五鼓時待日出，見極天雲一線異色，須臾成五采景象。我們上泰山頂峰時已下午三時許，實在無緣看到旭日東升了。

我們下山，仍乘纜車下山，在纜車上俯視陡峭的山崖，有位女乘客心驚膽顫，我卻心中寧定，到了山腳，隨隊至泰安富豪假日大酒店歇宿。

孔府、孔廟、孔林

四月二十五日上午 07:50 即上車出發，8:30 到水晶飾物店參觀，這裡有水晶手鐲、水晶戒指等製品，我為鳳君買水晶戒指及水晶項鍊，共人民幣三百元，後復上車駛向曲阜，首先到孔府參觀，孔府又名衍聖孔府，是孔子嫡長孫世襲衍聖公住宅，占地約兩百四十畝，是我國歷史最久的莊園，亦是孔家後代住此看管孔子遺物的場地。到北宋末期，孔子後裔住宅已擴大到數十間，現在的孔府占地約七點四公畝，有古建築四百八十間，分前後九進院落，中、東、西三路布局。孔府最後面設立後花園，內有太湖石假山，樹木蔥籠，花草繁茂，景色宜人。

孔廟在孔府西側，位於山東曲阜市舊城中心，現在的孔廟是明清兩代完成的建築，仿皇宮之制，前後有九進院落，有門坊五十四座，房屋四百六十六間，周匝垣牆均有角樓，院內蒼松翠柏鬱鬱森森，殿宇則雕梁畫棟，金碧輝煌，間以小橋流水，調劑氛圍。，孔廟的核心大成殿為全廟最高建築，九脊重簷，黃瓦覆頂，橫匾「萬世師表，斯文在茲」，凡此皆呈莊嚴的氣象。

孔林位於曲阜城北，是孔子及其家屬的專用墓地，自漢獨尊儒術後，孔子的地位日益提高，孔林的規模越來越大，現在其總面積約二平方公里，周圍林牆五點六公里。孔林內有萬古長春坊、洙水橋坊、孔子墓、孔鯉墓、孔伋墓、孔令貽墓、孔尚任墓、觀川亭、洙泗書院、論語碑苑等。孔林中遍植林木花草，環境幽美，是世界上規模最大、年代最久、保存最完整的宗族墓地。

孔子地位自五四以來，遭受厄運，先有「打倒孔家店」的歪風，接著有「批孔揚秦」的高潮，幸好近年中共卻回歸傳統，在海外廣設孔子學院，因是孔子又恢復了他的學術崇高地位。

離開孔林，導遊小剛引我們到開發區寶源玉器商店，總經理劉嘉華係緬甸華僑，台灣台中板橋等地有他的親戚。當他得知我們係台灣來的，特別親自出來招待飲茶，還要請大家晚餐，但我們排定行程，故予婉拒，只希望他店中的玉器售價公道便好，後來他給我和鳳君的玉墜和項鍊以較低價格成交，共付四千四百人民幣。其他遊伴亦買的不少。從玉器店出來，乘車到濟南國際大酒店，已七時半矣。

大明湖

四月二十六日星期日早晨六時十分許，偕鳳君到酒店東面水果店買梨子香蕉共人民幣七點五元，回來吃早點，八點十分乘旅行車去參觀大明湖。在到大明湖前，先去觀黑虎泉，黑虎泉因其泉水較大，泉聲如虎，從前湧泉旁還有一塊大石似蹲著的黑虎而得名。附近還有福泉、瑪瑙泉、白石泉等分佈在護城河兩岸，因此濟南有家家泉水，戶戶垂楊的景致。接著到著名於世的大明湖，大明湖面積近四十六公頃，水源來自城內諸泉匯流，水源充足，平均水深二米，最深處約四米。我們搭船遊湖，抵歷下亭，亭有何紹基書聯「海右此亭古，濟南名士多」，又劉鳳誥為大明湖所寫對聯「四面荷花三面柳，一城山色半城湖」，凡此皆能道出大明湖的風光特色。湖的周圍楊柳處處，樹木挺翠，彷彿江南的三月天景色，我們在此休息一陣，並在亭上餐飲店喝蓮子甜點茶。後從湖上回岸，到市中心「泉城廣場」遊覽，這是濟南的城市客廳，亦名國際藝術廣場，是一座文化娛樂休閒的大型現代音樂噴泉廣場，場上有樂隊指揮的歌唱隊演唱，歌聲震空，引人注目。

風箏之都濰坊

午餐後，乘車前往風箏之都濰坊，濰坊以傳統手工藝聞名，是風箏的發源地。我們去參觀楊家埠民俗大觀園，這是仿古四合院建築，展館內有木板的雕刻及套色印刷和風箏製作，還有陳列古今中外的風箏珍品和風箏的文物資料，我在此看到員工們製作技法，對風箏更有進一步的瞭解。

楊家埠園區門口一戶人家門上刻有鄭板橋的法書「喫虧是福」，鄭氏詩書畫三絕，為人超逸瀟灑，落拓不羈，由此四字，可以見出其人格的一斑，晚宿濰坊大酒店。

四月二十七早晨六時多，偕鳳君下樓到酒店門外散步一會，回來進早餐，七時四十五分上車，向青島進發，到了青島，首先參觀世界風箏紀念廣場。這裡花木扶疏，綠草如茵，樹上掛著的鳥籠中養有畫眉鳥。我們進入廣場邊的大型風箏博物館，此館規模很大，有八千一百平方米，館中分八個展區，展示古今中外的風箏有一千多個，並有說明介紹各種風箏的演進歷史。大廳中有一師傅表演放風箏絕活，縱放自如，得心應手，令人驚嘆。館中藏列許多風箏文物資料和照片、繪畫、複製品等，供人參閱。濰坊每年四月廿—廿五舉辦「國際風箏會」，來自世界各國的代表前來參加風箏比賽，成為每年一大盛事。

午餐後，前往啤酒屋廣場參觀，青島啤酒歷史悠久，是用嶗山水來釀造，味道特佳，故聲譽鵲起，行銷世界。我們進入啤酒博物館，看到啤酒的生產過程，並且一睹當年生產啤酒舊機器，啤酒廠方面招待我們免費品嘗啤酒。

小青島公園

三時許乘船到小青島公園，小青島又名琴島，一九八八年建為公園，此島面臨綠油油的海水，看鱗鱗碧波，閃爍生動，相看不厭。從小青島回，前往遊八大關，這是以八個關隘命名，稱八大關。八大關上有二四〇多幢建築，計有廿四國建築風格，例如義大利、俄羅斯、希臘、丹麥等顯示昔日外國勢力進入中國的風貌。接著我們到青島太平角公園，這里山坡有蔥籠的樹木，山邊有茂盛的花草，鄰近有湧動的藍海，遠看有矗立的大廈，真是個美好環境。

四時多，導遊領大夥兒去一處泡足，每人將雙足放入高度熱水盆內泡三十分鐘左右，並有技師向大家講述養身之道。五時許，去晚餐，夜宿麗晶大酒店，八時許，偕鳳君去附近新華書店買中國分省地圖集及中國地圖冊各一本，共人民幣六十八元。

四月二十八日早晨六時許，將行李整理妥當，放置寢室門口，內服務員前來提送，六時半進早餐，七時半到樓下大廳候車。八時上車，到花石樓，這是哥特式建築，據稱係蔣公介石公館，九點五十旅行團漫遊到青島濱海旅遊步道，步道沿海伸展，一邊是鱗鱗碧波的海洋，一邊是樹木花草，景致宜人。十時十分許，我們行走到青島太平角公園，近面是一座西洋女子的裸體塑像，仰首挺胸姿態萬方，再沿步道走去，看海灘上有不少對新郎新娘穿上婚紗禮服在拍紀念照像，充滿喜氣。

十時四十分，到青島為奧運比賽項目之一建設的航船之都，步道之側店鋪林立，出售各種紀念品飾物，盡頭處是奧運紀念牆碼頭，碼頭寬闊的橋之上方懸掛世界各國的旗幟，令人感到奧運的氣氛。午餐吃漁家宴海鮮餐，菜餚豐盛，飯後乘車到青島流亭國際機場，16:45 起飛，19:05 到桃園機場，通關出來，我和鳳君搭長榮汽車到台北車站，再搭計程車返家，已九時多了，這次的山東的豪邁之遊，感到相當的愉快。

輯六　新詩一角

江山情懷

中國有錦繡的河山，有悠久光輝的歷史，我們浪跡寶島大半生，情懷故土，馳念鄉親的思緒反而越來越深。歷史上喜歡江山的人物不少，在此我姑舉出三位著名的作家作為榜樣：

㈠**司馬遷：**他二十歲遊江淮，到湘西、九嶷、長沙、九江，後至錢塘、會稽、齊魯等地，親歷我國的壯麗河山，瞭解人物的活動情況，寫下著名的史記。

㈡**酈道元：**北魏人，熱愛祖國河山，走遍了長城以南、秦嶺、淮河以北各地，寫下肖貌傳神的山川景物「水經注」。

㈢**徐霞客：**明江陰人，愛好旅遊，一生跋涉山川，尋幽訪勝，曾到達中原東南、西南等地，寫下奇情壯采的遊記。我們讀他們的著作，油然興起對江山的熱愛，對中華文化的嚮往。

國共內戰，國民黨節節收退，一九四九年撤退至台灣，與中共隔海對峙，不相往來四十年，直到一九八七年年底，才開放老兵赴大陸探親。但因宣傳很久的反共意識形態，一時間不易消失。尤其李登輝掌權時期，請杜正勝撰寫殖民史觀，提出「台灣中國一邊一史」。陳水扁執政時期，將歷史課綱開始修訂成「一邊一國」，徹底的去中國化。從此台獨勢力越發猖狂，與中國大陸越離越遠了。（國民黨二〇〇八年重新執政，但歷史課程尚未撥亂反正）。

台灣原屬中國，居民大多來自福建、廣東等地，兩岸人民都是中華民族的同胞，不應該否定歷史的事實。龔自珍云：「欲亡其國，必先滅其史，欲滅其族，必先滅其文化。」我們如果了解中國的歷史文化，尋根溯源，自然會認同中華民族。目今中國已成為世界第二大經濟體（二〇一〇年），出口貿易高居全球第一，二〇一二年四月，外匯存底高達三兆三千多萬美元，為全球之冠。世界金融危機，需它穩定，歐債危機，靠它救濟。台灣怎能對大陸崛起熟視無睹，仍抱分離主義敵對心理。尤其民進黨頑固不化，迄今還將大陸當成敵國，阻礙兩岸關係順利的發展。我們希望台灣民眾，對大陸的壯麗河山歷史文化，多多去認識瞭解，增強對祖國的認同向心，是以不揣淺陋，鼓勇獻曝，將我國的重要名勝古蹟，草率寫成通俗的詩章，以求拋磚引玉，引起文化共鳴。期待鄉賢及熱心人士，發揮精神力量，勉勵在台同胞，儘量去遊歷中國的山川名勝，俾能更了解中國，熱愛中國，喚起炎黃子孫團結奮鬥，振興中華。期望二十一世紀，成為中國人的世紀。

一、名山

泰山

雄偉稜嶒的泰山，巍峨卓立。
玉皇頂遠眺黃河，俯臨千嶂。
歷代帝王封禪及孔聖李白杜甫登臨的勝地，
崖壁有古今諸家法書，筆趣生輝。

黃山

群山嶙峋、絕巘危崖、峭壁深壑，湧現山勢的崢嶸。
天都、蓮花、光明頂三巨峰，聳浮在雲海中。
處處奇松怪石，盡是罕見詭異的形象。

九龍潭瀑布逐級飄落，砌成九層碧潭。
登臨百步雲梯時，心驚膽戰。
峰岫、雲海、松濤、流泉、寺廟、花木風光幽雅。
黃山奇特的勝景，冠於天下。

峨嵋山

懸崖峭壁群峰疊翠，天然的秀麗山水。
深壑飛瀑、蒼松翠柏、篁竹花草，交織出幽邃的風景。
山川、林木、寺廟、佛燈、道觀，觸目動念悟出塵之想。
雲海、日出、寶光、佛像，出現淨土的奇觀。

雁蕩山

龍湫的飛瀑，如霧如煙。
靈峰的合掌中空，靈岩的一柱擎天。
奇特的山頂有雁湖，罕見的崖下有深潭。

眾寺院落，有流泉琤琮。

二、名　湖

洞庭湖

洞庭湖煙波浩瀚，氣蒸雲夢。
輕舟揚帆逐浪，沙鷗自在翱翔。
香妃廟、柳毅井的傳奇，情節纏綿。
范仲淹岳陽樓記名文，錢起「曲終人不見，江上數峰青」絕唱。
揚起湖景的光輝。

鄱陽湖

鄱陽湖是贛省的明珠。
調節長江水位，潤澤地區生態。
湖中小島錯落散佈，打造美麗的觀光景點。
冬天水面淺，夏季成汪洋。

太湖

太湖有四十八個島嶼，七十二座山峰；四時的景致不同。
在鼋頭渚頂上遠眺，扁舟點點在萬頃碧波上穿梭。
東西兩洞庭山對立嵯峨。
館娃宮、姑蘇臺早已沉埋，勾踐、夫差、范蠡、西施亦已煙消。
碧羅春品茗者喜愛，太湖石雅士們欣賞。

三、古都

北京

聞名世界的古都北京，歷史悠久，壯麗冠世。
三海（中海、南海、北海）亭台樓榭，波光塔影，天然幽雅。
天壇的祈穀殿、回音壁巧奪天工。
故宮的千門萬戶富麗宏偉，是往昔帝王權勢的中心。
中國崛起，北京動向，在在引起世界的警覺注意。

南京

南京是經歷六個王朝的都城，山環水繞，形勢天成。
紫金山、雨花臺，玄武湖、燕子磯處處遊屐。
中山陵、明孝陵，活躍著歷史的光輝。
龍蟠虎踞的氣運，方興未艾。

西安

十一個王朝在此定都，當今城垣猶存漢唐規模。
各代士子在此應試，命運看是否春風得意。
黃帝陵、大雁塔、兵馬俑、華清池、古蹟斑爛。
西安事變，達成抗日共識，獲得最後勝利.

洛陽

西周以來，洛陽有九個朝代建都。
洛神廟、白馬寺、關帝塚，賈誼祠，世間輝映。

龍門佛像，魏晉隋唐碑誌，雕刻精工。
如今繁華不再，惟有牡丹花季，吸引觀光遊客的亮點。

四、古　蹟

萬里長城

東起山海關西至嘉峪關，長達六千多公里的長城，世界各國譽為最偉大的工程。
春秋至明各朝防禦外族入侵累積築成的垣牆。
城有烽火臺，點火傳達敵情，有備無患。
防止游牧民族南侵，維護農業文化的發展。

北京人

中國發現「北京人」頭骨，生於六十九萬年前。
證明華族祖先是本土誕生的。
他們很早就會用火烤肉，製造石器。

新石器時代，已有農耕製陶養畜的文化。

曲阜孔廟

孔廟九重簷瓦，殿、門、壇、閣，氣象宏偉。
內藏歷代珍貴的文物。
孔子後裔的孔府，有九進院落，花木蔥蘢，歷史綿長。
孔學根深葉茂，光輝長存。

敦煌莫高窟

莫高窟世界最偉大的藝術寶庫。
窟內的壁畫彩塑和文物，成千上萬。
藝術品繁富，融合中外藝術技巧，件件逼真生動。
在歷史的長河中，萬古常新。

兵馬俑

一九七四年發掘出土的六千個兵馬俑，
仿照秦軍兵馬製成的陶塑，
造型生動，氣勢磅礡，神態無一雷同。
秦代精湛的藝術，中外讚稱為「世界奇工」。

五、名　勝

頤和園

湖光山色庭臺樓閣聚萃的頤和園。
昆明湖長廊人物山水景緻，千門萬戶。
知春亭、排雲殿、佛香閣、精巧典雅，賞心悅目。
人工與自然結合，景物繁多，造型新奇，園林的典範。

西　湖

山水秀麗文化深厚的西湖。

白堤的古蹟亭臺，蘇堤的六橋桃柳。
曲院荷風薰香，柳叢鶯鳥啁啾。
小瀛洲、三潭印月、光影交輝，雷峰塔、白娘子癡情淒婉。
虎跑泉清醇甘冽聞名，淨慈寺鐘聲扣人心弦。
西湖的風景享譽悠久，今已列入「世界遺產名錄」的光榮。

廬　山

廬山峰巒疊秀雲霧繚繞，處處峭壁深谷飛瀑流泉。
五老峰巉岩崢嶸，三疊泉裊如垂鍊。
青蜂峽風景絕勝，牯嶺鎮別墅雲集。
東林寺淨土宗發源，白鹿洞朱熹講學。
歷來詩人鴻儒的隱居之處，近代風雲人物的聚議要地。

九寨溝

形如珠子散落的晶瑩湖泊，反映眾多各異的色彩倒影。

懸崖陡壁間形成幾十處瀑布。
溫差甚大的高山，產生多種多樣綺麗的花草樹木。
熊貓、羚羊、天鵝、野牛、金絲猴等禽獸在此棲息。
此處的恬靜幽雅，塵世難見。

桂林

桂林的山拔起如竹筍如長劍。
獨秀峰如一支巨柱挺立。
疊彩山像錦緞層層相疊。
七星岩鐘乳石瑰麗多姿。
廬笛岩石筍石柱石幔等景物，似各種生態活現。
陽朔群峰擁翠，顛崖峻壁，亭臺、船筏、瀑布、村舍，猶是中古時代的山野風貌。
桂林得天獨厚，博得「山水甲天下」的榮冠。

昆明

昆明四季如春，名花此謝彼開，全年花潮不息。
鳴鳳山松柏蓊鬱，筇竹寺眾羅漢表情生動。
龍門眺滇池煙波浩瀚，大觀樓看西山層崖疊彩。
三清閣「西山絕境」，華亭寺大華寺梵鐘悠揚。
昆明山水秀麗，風光明媚，「花都」之稱名副其實。

大陳島風雲

一、

故鄉鄰近的椒江東望
隔海的大陳列島在汪洋中露臉
周邊桅檣林立，帆影片片
街上出售多種多樣的魚類
許多漁民漁商在此地貿易
譽它是椒江東方的蓬萊

二、

中日七七的戰爭爆發
災禍迅速蔓延到大陳島來
日本海軍在港口停泊巡弋
烽火繼續在各處燃燒
農漁業遭受兵燹的火焰萎縮
經貿的流通阻滯，市場交易冷落
物價不停的波動上升
百姓在苦難的陰霾下掙扎呻吟

三、

八年抗戰的艱辛苦鬥，贏得了最後勝利
人民重見光明，期待可有豐衣足食的安樂日子
國共和談破裂，迅即點燃全國的硝煙

北方很快被紅潮淹沒
潮水洶湧，沖越長江，沖潰江南的繁華
各處離散人員和士紳，紛紛到大陳避難
昔日討海捕魚島嶼，今成令人嚮往的別有天地

四、

聚集大陳的部隊各有其主，步調不一
昔曾擁兵西北稱雄的胡宗南將軍
化名秦東昌來任指揮各部的統帥
他念念不忘反攻復國
一次用兵登陸黃焦島無功
另一次登陸大鹿島夭折
兩次的干戈小試
震動了美軍援華防衛的底線
要求我方不可對大陸出擊

胡帥無奈返台，劉廉一將軍前往接替防務

五、

中共抗美援朝的戰爭和平落幕
陸海空軍南移，掌握制空制海的優勢
首先輕易吞噬了鯁門、頭們、田奧三島
一江山面臨鋒鏑寒光的震撼
王生明司令臨危受命鎮守
四十四年一月十八日拂曉
共軍的飛機艦艇成群的襲來
砲彈如驟雨、如冰雹，輕重機槍、步槍噴射猛烈的火焰
共軍前撲後繼如蟻赴羶的搶灘上岸
衝鋒、肉搏、槍擊、刀砍、死傷的肢體狼籍
陣陣砲火交響中
一夥荷槍的敵人衝入指揮台

王生明飲彈自焚
一江山熄火沉淪

六、

美軍艦隊在外海觀察一江山戰役
共軍運用三軍聯合登陸作戰，遠比抗美援朝的火力猛烈
面對強敵如潮的優勢兵力
大陳的防務面臨危機
美方建議我方大陳撤退
我方決定島上的軍民一起撤離
民眾怎能捨棄世世代代建立的家園？
蔣經國主任親向人民誠摯的勸導
保證他們到了台灣
享有就學、就業、就醫、居所的生活
他們相信政府，相信蔣主任的諾言

一萬八千人民甘願隨軍隊撤退
二月十二日清晨眾多男女老幼登上輪船開航
眼看世居的家園在視線中漸漸消失
頓覺和生長之地難分難捨
再見了，大陳
如今只有向前，沒有後退
放下鄉土千絲萬縷的牽掛
努力創造未來美好的前程

兩岸情緣長樂老

賀樂清同鄉聯誼會榮譽會長王通奎壽翁百齡榮慶（2014、2、6）

樂清山川秀麗
處處書香，文人蔚起
宋代王十朋學士，詩文精熟
通過濟濟多士的科舉考試
冠絕群倫，狀元及第
歷授紹興府簽判、秘書郎、司封郎中
累遷國子司業、起居舍人、侍講等職
出知四郡（饒、夔、湘、泉）為民興利，

百姓感戴

金人侵占北方
宋室南渡偏安
求和納貢，苟延歲月
十朋忠君愛國
深感疆土失陷恥辱
屢陳恢復中原大計
孝宗賢明，嘉其膽識忠忱
升其為紹興知府

壽翁承襲先祖王狀元家風
勤讀詩書
執教鄉里，造就英才
大陸易幟

赴台轉事懋遷
幾度山窮水盡
終脫荊榛困境
迎來財源滾滾

慷慨好義，頻宴親朋
出任樂清聯誼會會長八九年
貢獻很多心力財力

延攬群彥，創辦聯誼會會刊
發揚樂清文獻
彰顯桑梓風貌
故鄉社會情況、人物動態
訊息可聞
披露鄉賢作品
普獲知音共鳴

會刊圖文並茂
兩岸人士注目
中央圖書館賞其特色
主動蒐集

壽翁子孫繁茂，蘭桂騰芳
尤有一對聰慧的孫兒伉儷
在北京商場亮眼
為我夫婦駕車導遊京畿名勝古蹟
邀饗北方佳釀美食
感念京華行跡
此情此景
回憶猶新

壽翁待人誠摯，春陽溫馨

言簡意真，相識有情
社會名流、地方民眾，喜與結緣
昔年九十壽宴
四方賢豪臨門
今朝期頤，世紀同齡
矍鑠康強，落葉歸根
意義非凡，朝野同慶

人瑞異稟，耳聰目明
養生有方，從容健步
親友莫不展顏欣喜
祝福其松柏長青

一〇三、一、一三　永和

後記

「海外滄桑的蹤跡」是我出版的第二本書。此書分為六輯：

輯一、文化反思：文化的方面很廣，在此首先提出的是尋根文化，目前台灣社會上很多人，竟不願說是中國人，也有許多甘心情願當皇民（日本）的，對於日本侵略中國死亡三千萬的軍民，漠視無覩，有些說這與台灣人無關，這豈不是漢族的不肖子孫！現代人如果和以往的歷史文化沒有關係，便如無源之水，無本之木，是不可能源遠流長，根深木茂的。

至於大陸來台的第一代，愛國懷鄉的觀念特別濃厚，因有各地的同鄉會相繼成立。但是隨著歲月的流逝，第一代的鄉親有些往生，而尚在世的多已老態龍鍾，精力疲弱，歲月無多。第二代、第三代的年輕鄉親，係在台灣成長的，對大陸故土生疏，罕有故里的親切感，因此參加同鄉會的興趣不高。最近（2015.7.14 旺報）台灣國族認同調查只有52.6%，認同是中國人，這是中國歷史上出現奇特的情形。我寫的「我感悟的尋根文化」意在飲水思源、尋祖歸宗。反思要國族認同，情懷大陸河山。接著的幾篇談人口問題、自強之路、婚姻、愛情、人生哲學，都是文化重要部分，這些都是國家社會發展，時空背景變化的情形。我們要回頭反思尋求邁向民族復興的途徑，找出正確的方向，努力重建適應時代潮流的文化。

輯二、詩文宗師：晉代詩人陶淵明人品高潔，不慕榮利，寄情山水，逍遙自適，為隱逸詩人之宗。對於當前社會充滿競逐功利，道德淪喪的現象，閱讀陶詩，多少可以提醒人們迷誤的心態。

儒學大師馬一浮為一代儒家，兼有詩教、禮教、理學的三種學養，曾在浙江大學開設國學講座，抗戰時在四川創建復性書院，培養中國文化人才。蔣委員長曾請教治國之道，是值得表述的前賢。

費孝通是著名的社會學家、人類學家，享譽世界。他為中國文化找出路，提出「以東立西，以西資東，互惠互利，共同繁榮」的讜論，要為中國文化如何為人類做出貢獻，提倡「美美與共，天下大同」的理想世界，這是我們應該思考的發展道路。

覃子豪為台灣新詩繼往開來的詩壇領袖人物，他傳承五四新文化以來的新詩一脈，在台灣主持詩歌講座教詩、辦詩刊、詩社、造就的學生甚多，著名的詩人不少，這是傳承新詩的關鍵人物。

輯三、教育探索：我國傳統教育，講求孝弟忠信的倫常關係，養成修身齊家治國的能力，近代教育，要求培養禮義廉恥、愛國愛群的國民。台灣自從反對黨興起，反中、反政府的脫軌行動接連發生。二〇一四（103）年的太陽花學生運動，包圍立法院、攻擊行政院的暴行；今二〇一五（104）年七月廿三日少數中學生為有心分子搧動，聲言新舊歷史課綱問題，率眾侵入教育部，毀壞公物的違法事件，且有別具用心者及民粹滲入，一直延續一段時日。這是抱有對日本統治好感的思想作祟，竟為「日本統治」用「日本殖民統治」代替等字句略作更動，鬧得水火對立。台灣當今係多元聲音，為何一定要與教育部抗爭不休，這與大陸當年文化大革命沒有甚麼不同。現在台灣的教育情形複雜，倫理道德淪喪，應當探究怎樣發展純正的教育。

另一是現代家庭常有發生毆打父母殺害家人骨肉相殘的事件，我國素重倫理道德的國家，怎麼當前社會竟是發生這麼多的反傳統反理性的悖逆風波，我們的教育須要檢討改進了。我寫了有關教育和家庭等問題的兩篇，還有中文的遞變簡化，二二八事件的教訓，亦併入此輯。

輯四、親友人生：親友是我們生活中重要關係的人物，親友的人生與我們有傳統、習俗、習慣、觀念、情感、血緣、地緣或同學的關係。我們有共同的話題可以沒有顧慮的盡情傾訴。一般泛泛之交，常有「逢人只說三分話，未可全吐一片心」的警惕不同。好的親友猶如知己，肝膽相照，互相幫助，得益很多，是人生悅樂的因素。我寫出與我關係較密、經歷凸顯的幾位，尤其鼎三叔的命運多舛，陳亨霖的坎坷身世，令人嘆息。

輯五、旅遊記勝：旅遊在當今十分流行，這與近年大眾的收入所得提高有關。我在九十年代就曾到大陸的杭州、蘇州、溫州、香港、桂林、昆明、西安、北京、南京、黃山、漢口、重慶等地遊覽，並有記遊之作，已載我的第一本書中，這次所寫的是二十一世紀的遊記，也可說前書的遊記續篇。

輯六、新詩一角：四十三、四年，我在政工幹校參加詩壇元老覃子豪先生的新詩講座，對新詩才有入門的瞭解。新詩的創作不易，要鍛練語言、創造語言、講象徵比喻、講結構句法等藝術技巧，因此我常看新詩，卻很少下功夫習作。後來看到校友中有幾位在新詩壇大放光芒，十分讚賞，覺得自己也應該嘗試嘗試，本書最後的「新詩一角」是我寫作園地一隅的嘗試產品。